STEP 2

손으로 생각하는 사고력 수학 시리즈

챌린지 CHALLENGE

입체칠교

몬스터매스 챌린지의 활용법

1 입체 칠교를 활용하여 수학의 5대 영역(수와 연산, 도형, 측정, 자료와 가능성, 규칙성)의 내용을 골고루 학습합니다.

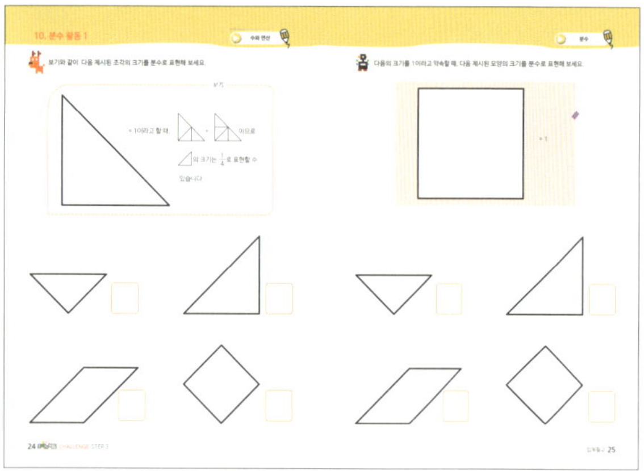

2 칠교판의 수학적 의미에 대한 스토리는 아이들에게 흥미를 이끌어내도록 합니다.

3 아이들의 흥미를 위해 스티커( ), 놓아보기( ), 색칠하기( ), 연필로 그려보기( ) 등 다양하게 활동하도록 합니다.

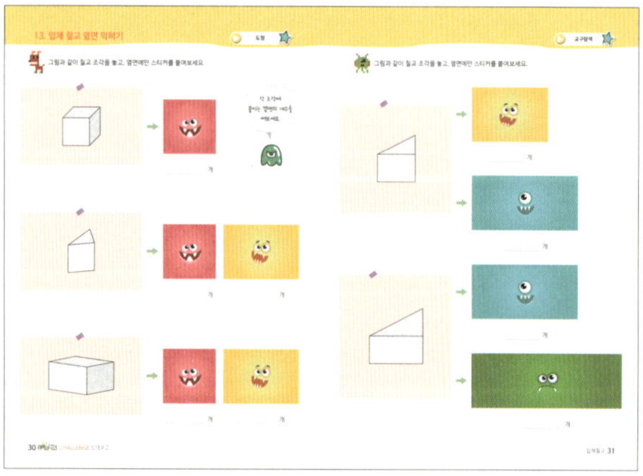

4 티칭 가이드를 통해 주제에 따른 학습 내용과 지도에 대한 팁을 활용합니다.

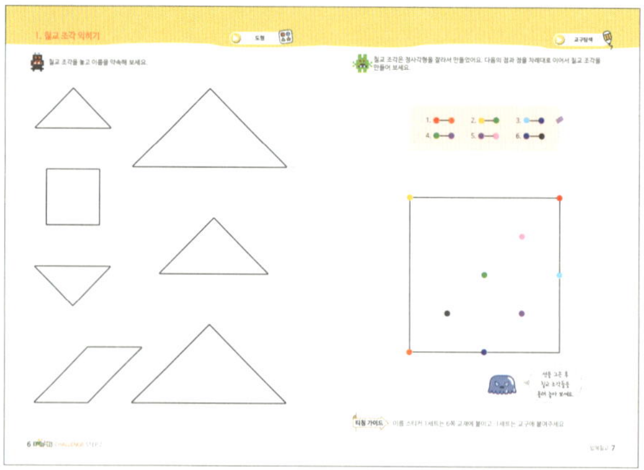

학습효과

1. 수학의 5대 영역에 대하여 폭넓게 익히고, 경험할 수 있습니다.
2. 특히 영재성의 기본인 공간지각력을 키우고, 공간 구조를 익힐 수 있습니다.
3. 어려운 문제를 해결해냄으로써 성취감을 높여줍니다.
4. 문제 해결을 위한 전략적인 사고는 생각하는 힘을 길러줍니다.

CONTENTS

4 0. 스토리

6 1. 칠교 조각 익히기

8 2. 모양 만들기 1

10 3. 모양 만들기 2

12 4. 칠교 조각의 크기 익히기

14 5. 한 조각 붙여 다각형 만들기 1

16 6. 한 조각 붙여 다각형 만들기 2

18 7. 선대칭도형 만들기 1

20 8. 선대칭도형 만들기 2

22 9. 선대칭도형 만들기 3

24 10. 오목다각형 찾기

26 11. 크기 비교하기 1

28 12. 크기 비교하기 2

30 13. 입체 칠교 옆면 익히기

32 14. 위, 앞, 옆에서 본 모양 1

34 15. 위, 앞, 옆에서 본 모양 2

36 16. 입체 모양 만들기 1

38 17. 입체 모양 만들기 2

40 18. 입체 모양 만들기 3

42 19. 7조각 다각형 1

44 20. 7조각 다각형 2

46 정답

너무 재미있겠다~
빨리 빨리
시작해요~

STORY

칠교 이야기

칠교는 우리에게 가장 익숙한 교구 중 하나입니다.
정사각형을 아래와 같이
큰 직각삼각형 2개, 중간 직각삼각형 1개,
작은 직각삼각형 2개,
정사각형 1개, 평행사변형 1개로
분할한 일곱조각을 칠교판이라고 해요.

칠교 조각으로 여러 가지 모양을 맞추고 꾸미며 놀이를 할 수 있어요.

우리 나라에서는 이 놀이를 하면 지혜가 길러진다고 해서 지혜판,
손님을 머무르게 하는 판이라고 하여 유객판이라고도 하고,
서양에서는 탱그램(Tangram)이라고 불리운답니다.

칠교 조각으로 대부분 평면 모양 맞추기 활동을 많이 해 보았을 텐데요~

챌린지에서는 입체로 된 입체 칠교를 가지고
평면 활동 뿐만 아니라
평면인 칠교에서는 할 수 없는 옆면을 익히고,
이를 이용하여 모양을 맞춰보고
세워보는 활동을 통해서 입체 감각을 키워봅니다.

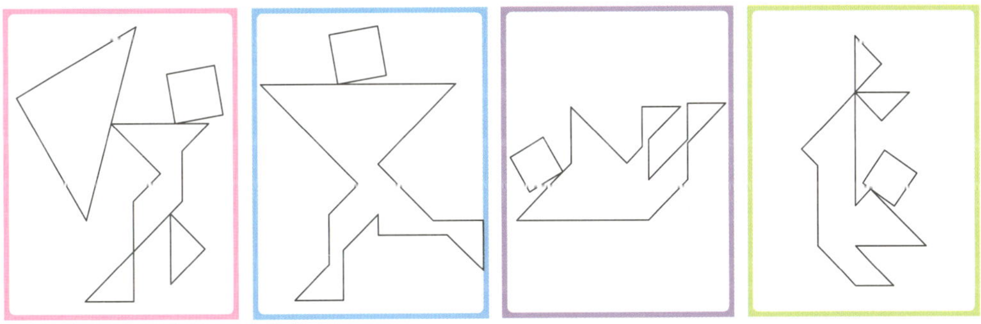

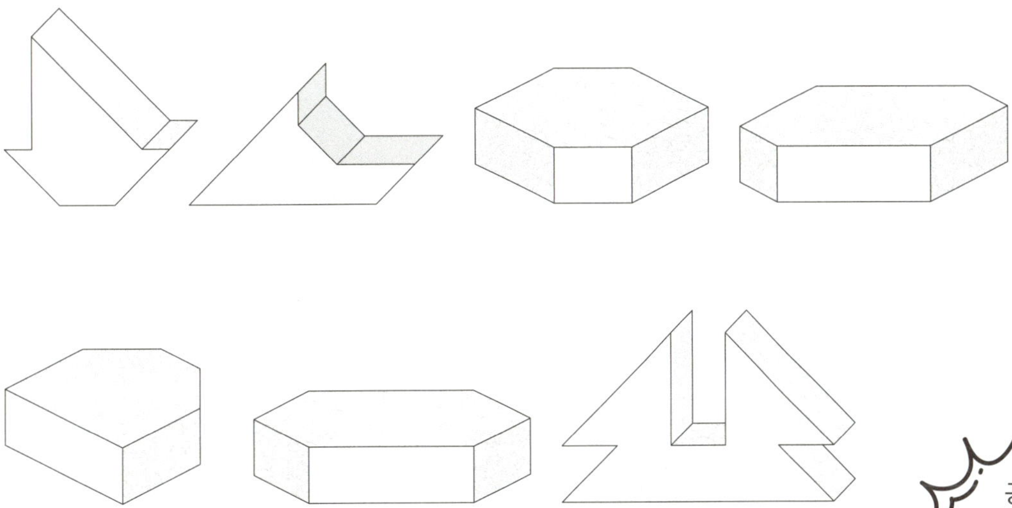

공간지각력
도형 및 측정 영역
성취감
생각하는 힘

1. 칠교 조각 익히기

칠교 조각을 놓고 이름을 약속해 보세요.

칠교 조각은 정사각형을 잘라서 만들었어요. 다음의 점과 점을 차례대로 이어서 칠교 조각을 만들어 보세요.

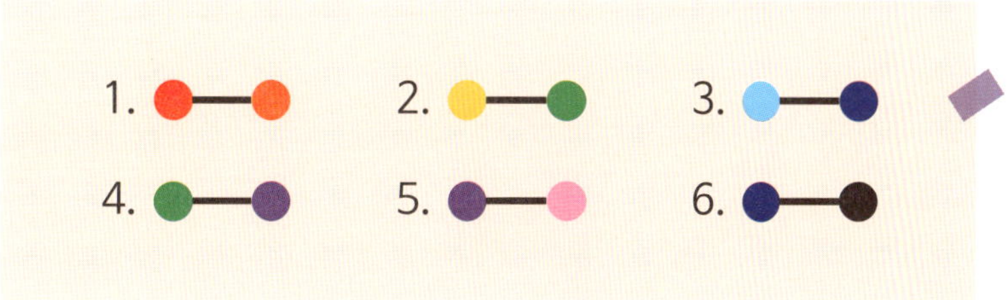

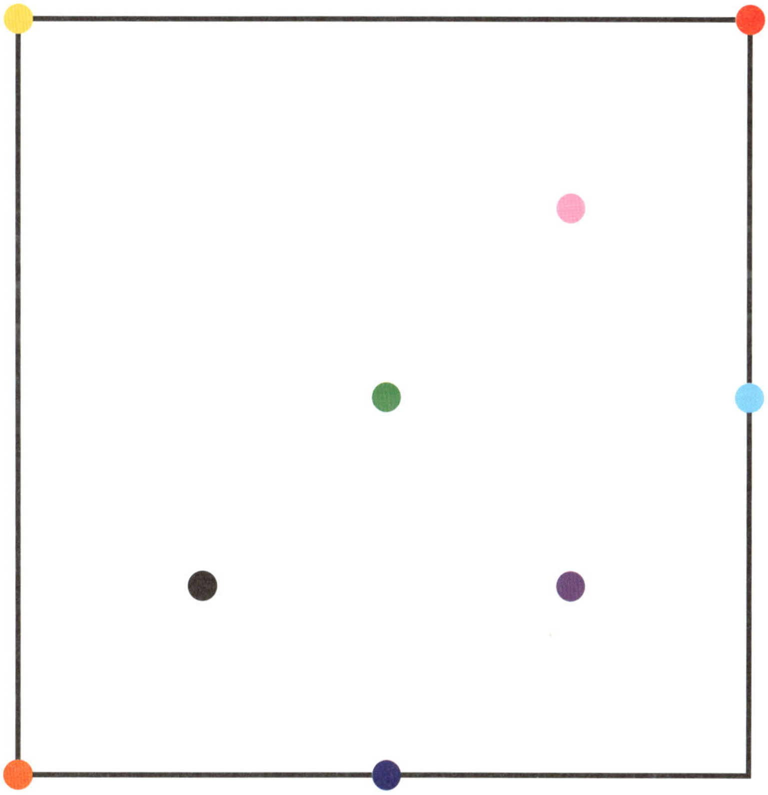

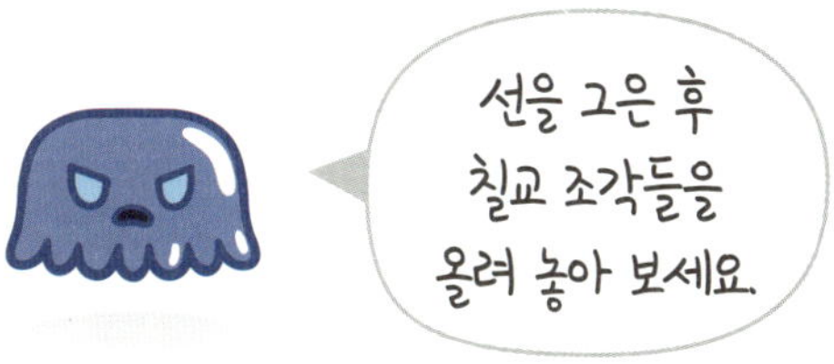

티칭 가이드 이름 스티커 1세트는 6쪽 교재에 붙이고, 1세트는 칠교 조각 윗면에 붙여주세요.

다음 모양을 만들어 보세요.

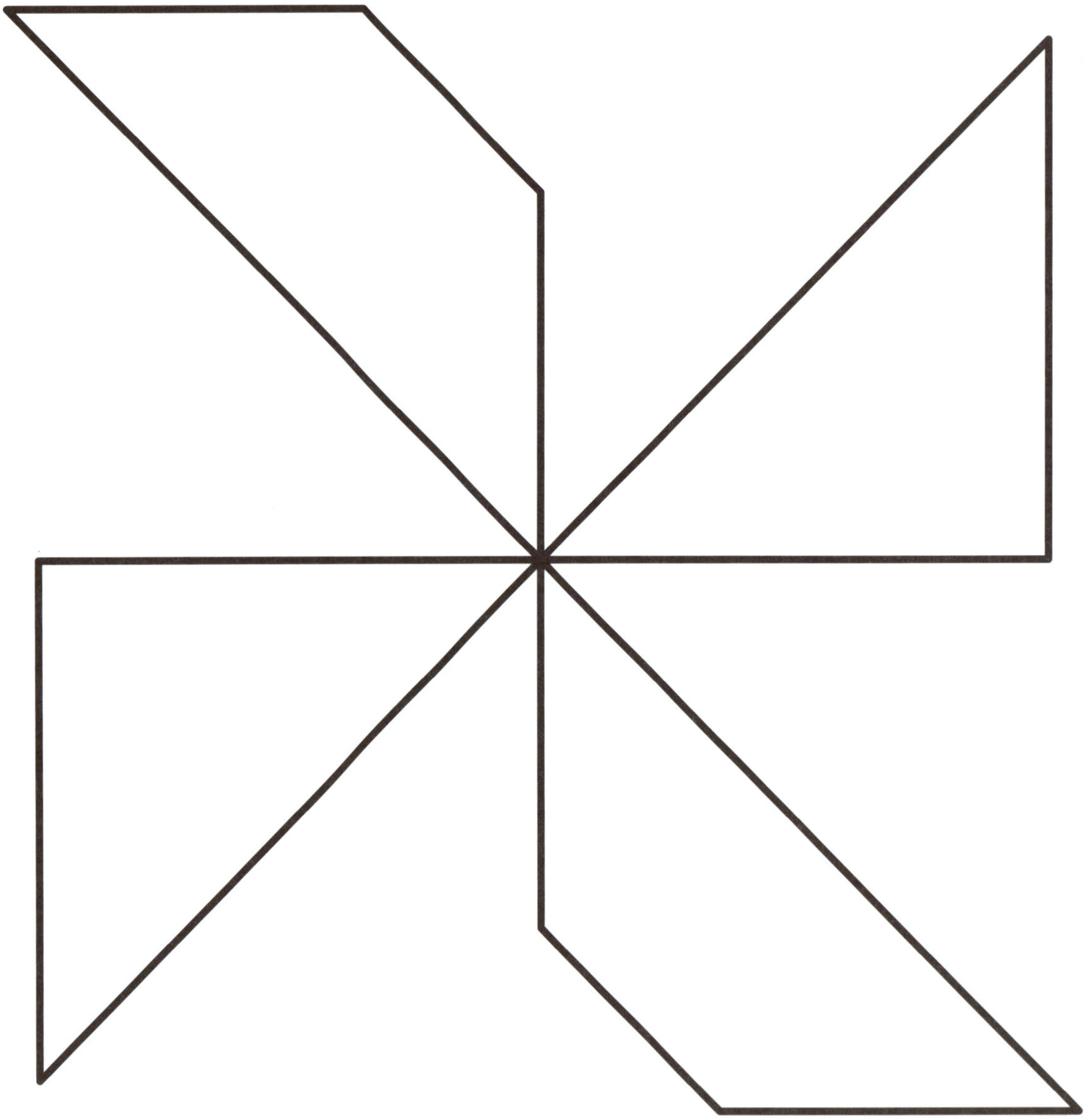

다음 모양을 만들어 보세요.

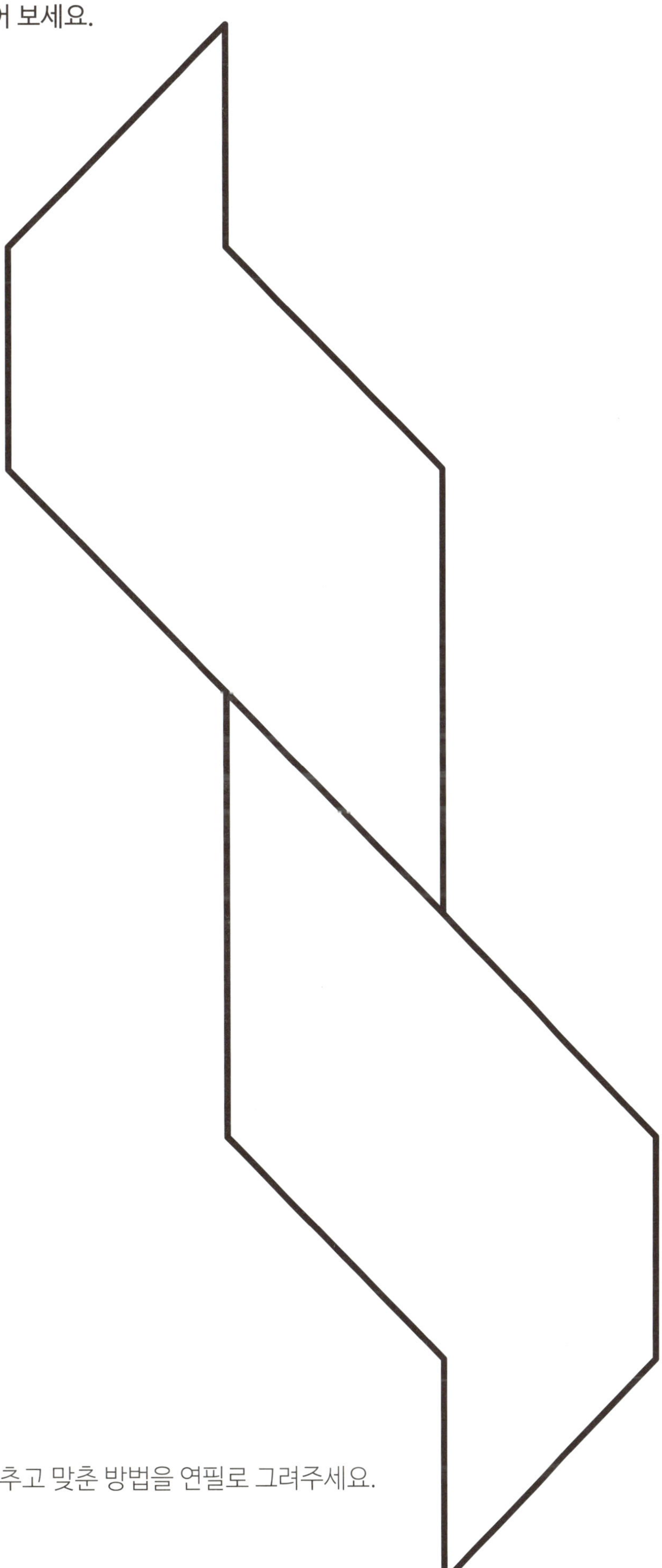

티칭 가이드 모양을 맞추고 맞춘 방법을 연필로 그려주세요.

다음 모양을 만들어 보세요.

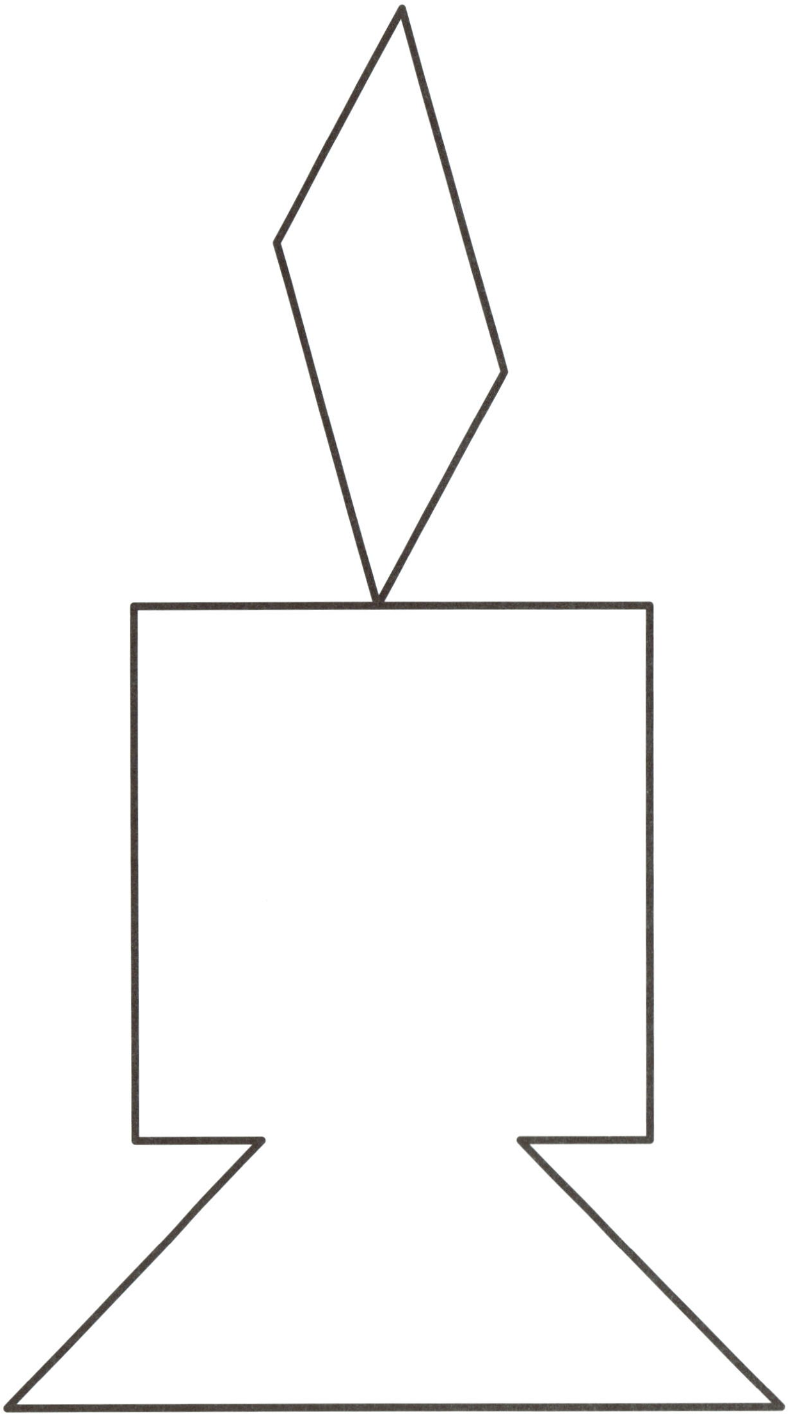

다음 모양을 만들어 보세요.

4. 칠교 조각의 크기 익히기

측정

작은 삼각형의 크기를 1이라고 약속합니다. 칠교 조각의 크기를 구해보세요.

= 1

크기 : ______________

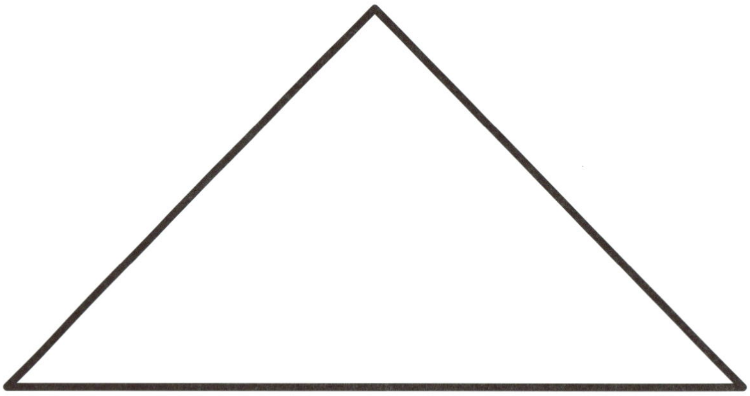

크기 : ______________

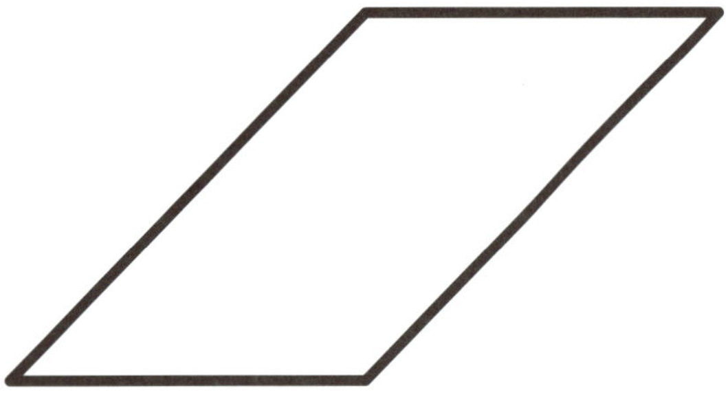

크기 : ______________

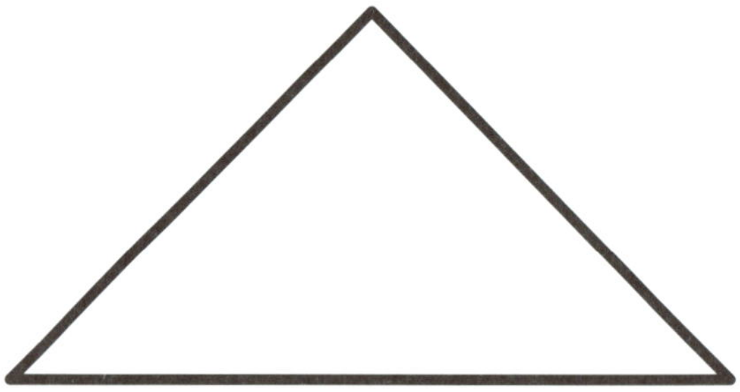

크기 : ______________

칠교 조각을 분류하고 조각의 이름을 써보세요.

모양

삼각형	사각형

크기

크기가 2인 것	크기가 2가 아닌 것

작은 삼각형의
크기를 1로 약속합니다.

5. 한 조각 붙여 다각형 만들기 1

가 에 순서대로 제시된 조각을 붙여서 나, 다 를 만들고, 스티커를 붙여보세요.

가 삼각형

중간 삼각형

나 사각형

큰 삼각형

다 오각형

가

(가) 에 순서대로 제시된 조각을 붙여서 (나), (다) 를 만들고, 스티커를 붙여보세요.

가 사각형

↓ 중간 삼각형

나 오각형

↓ 작은 삼각형

다 육각형

가

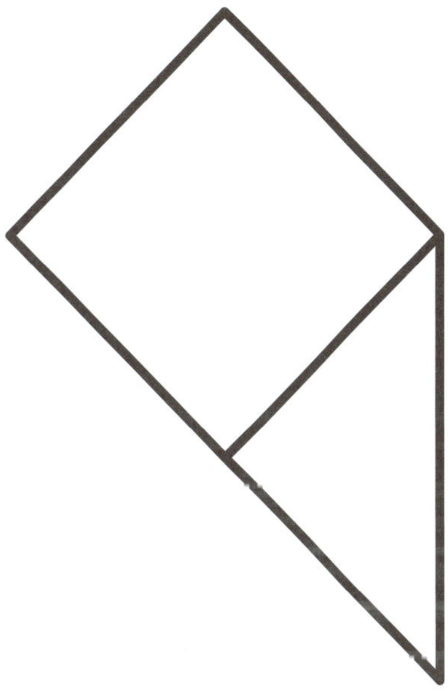

가 에 순서대로 제시된 조각을 붙여서 나, 다, 라, 마 를 만들고, 스티커를 붙여보세요.

가 는 14쪽과
다른 모양을
만들어야 해!

가 삼각형

↓ 평행사변형

나 등변사다리꼴

↓ 큰 삼각형

다 오각형

가

티칭 가이드

등변사다리꼴 : 사각형 중에서 사다리처럼 생긴 도형을 사다리꼴이라고 합니다.
등변사다리꼴은 마주보는 한 쌍의 변이 평행하고, 밑각이 같은 사각형을 말합니다.
대표적인 예로 패턴블록의 사다리꼴( )이 있습니다.

중간 삼각형

라 육각형

큰 삼각형

마 오각형

티칭 가이드 16쪽에서 만든 오각형을 스티커를 사용하여 만든 후에 문제를 해결합니다.

7. 선대칭도형 만들기 1

빨간 대칭축을 중심으로 양쪽이 똑같은 모양이 되도록 만들어 보세요.
이때, 칠교 7조각을 모두 사용해야 합니다.

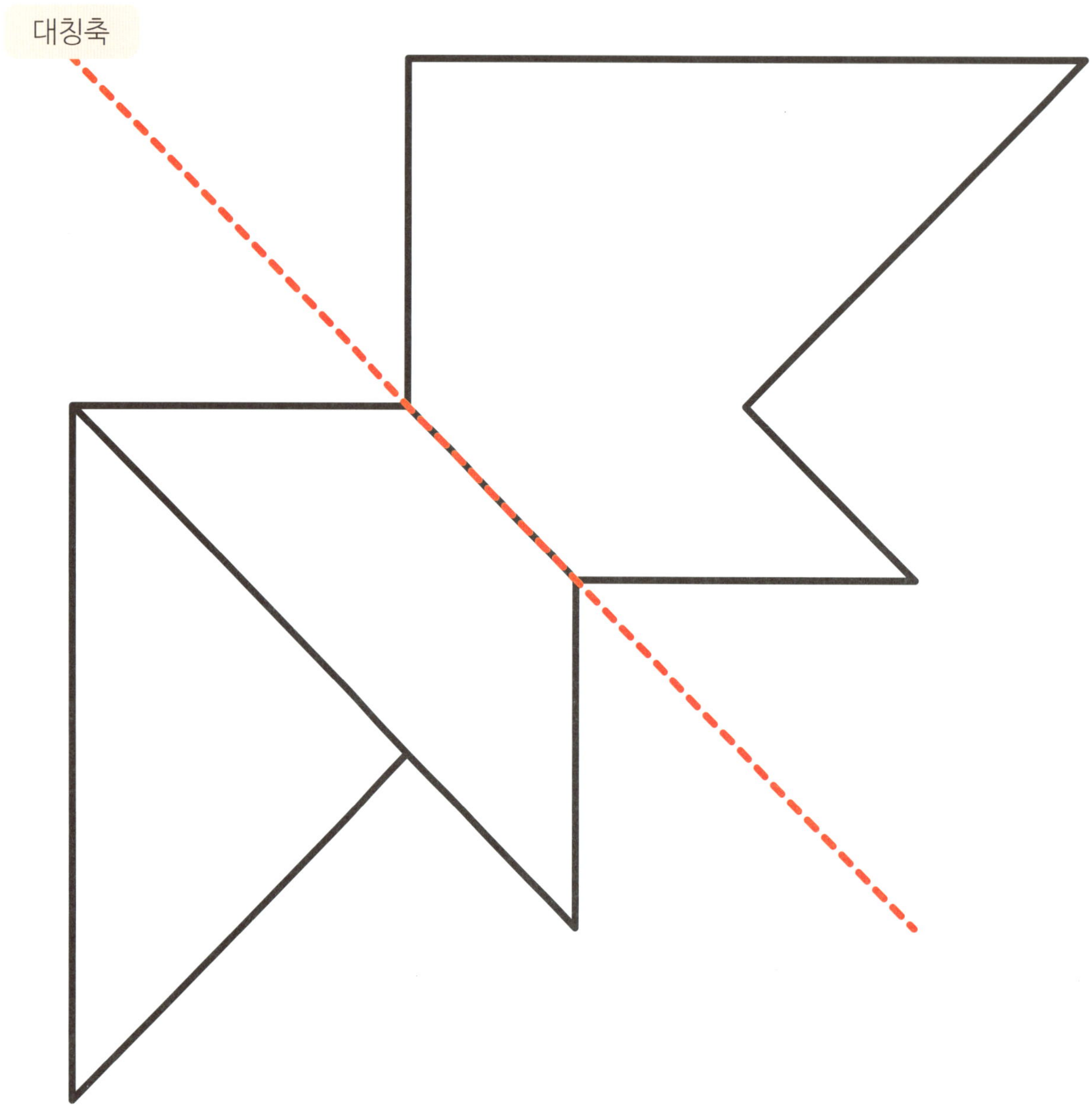

빨간 대칭축을 중심으로 양쪽이 똑같은 모양이 되도록 만들어 보세요.
이때, 칠교 7조각을 모두 사용해야 합니다.

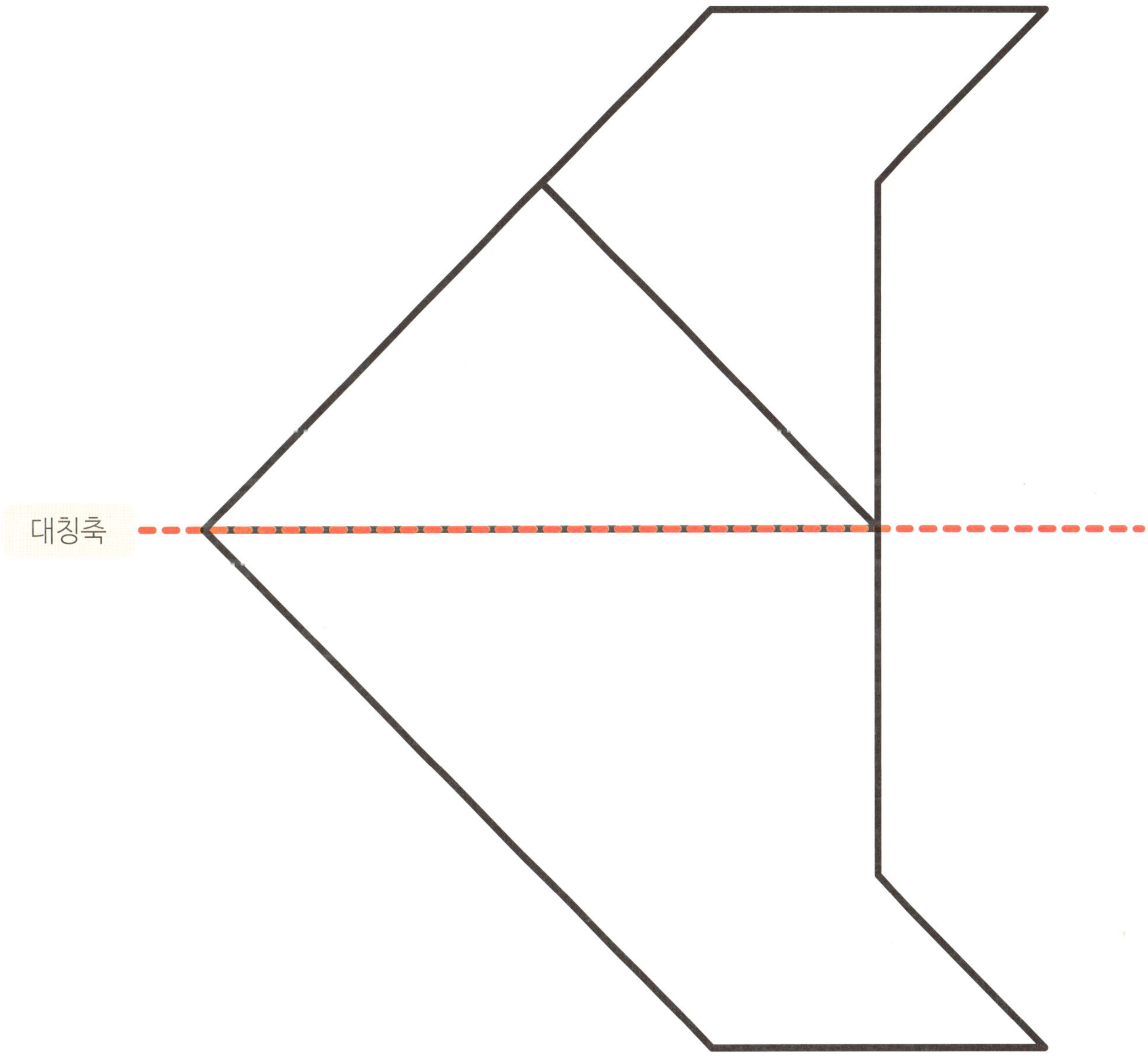

8. 선대칭도형 만들기 2

도형

다음 모양을 만들어 보세요.

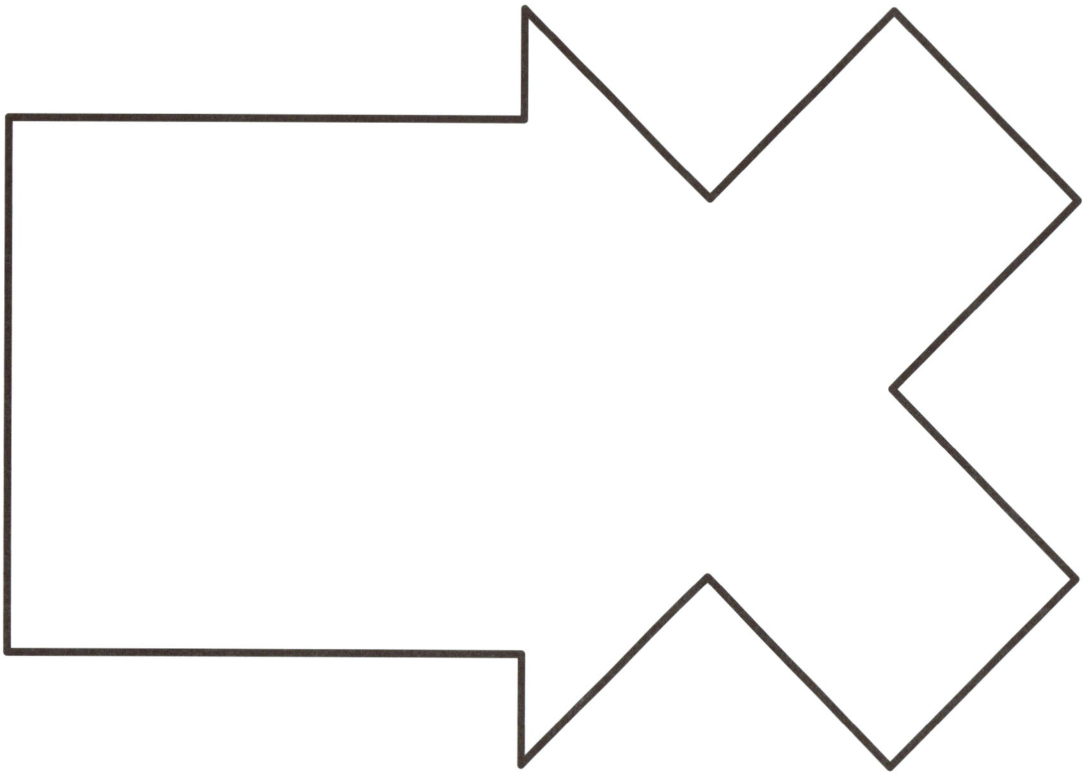

다음 모양을 만들어 보세요.

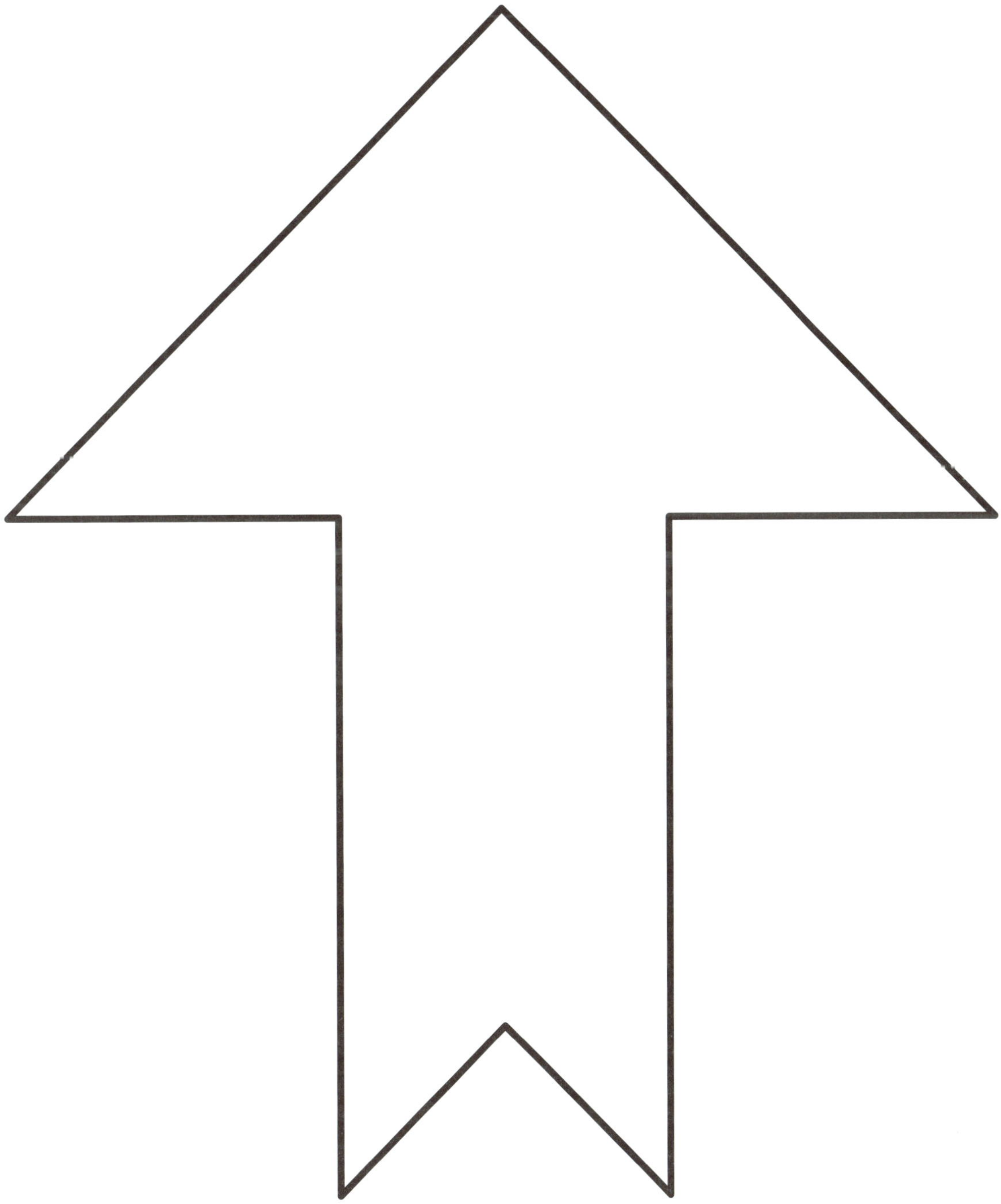

9. 선대칭도형 만들기 3

다음 모양을 맞추고, 한 조각을 움직여서 선대칭도형이 되도록 만들어 보세요.

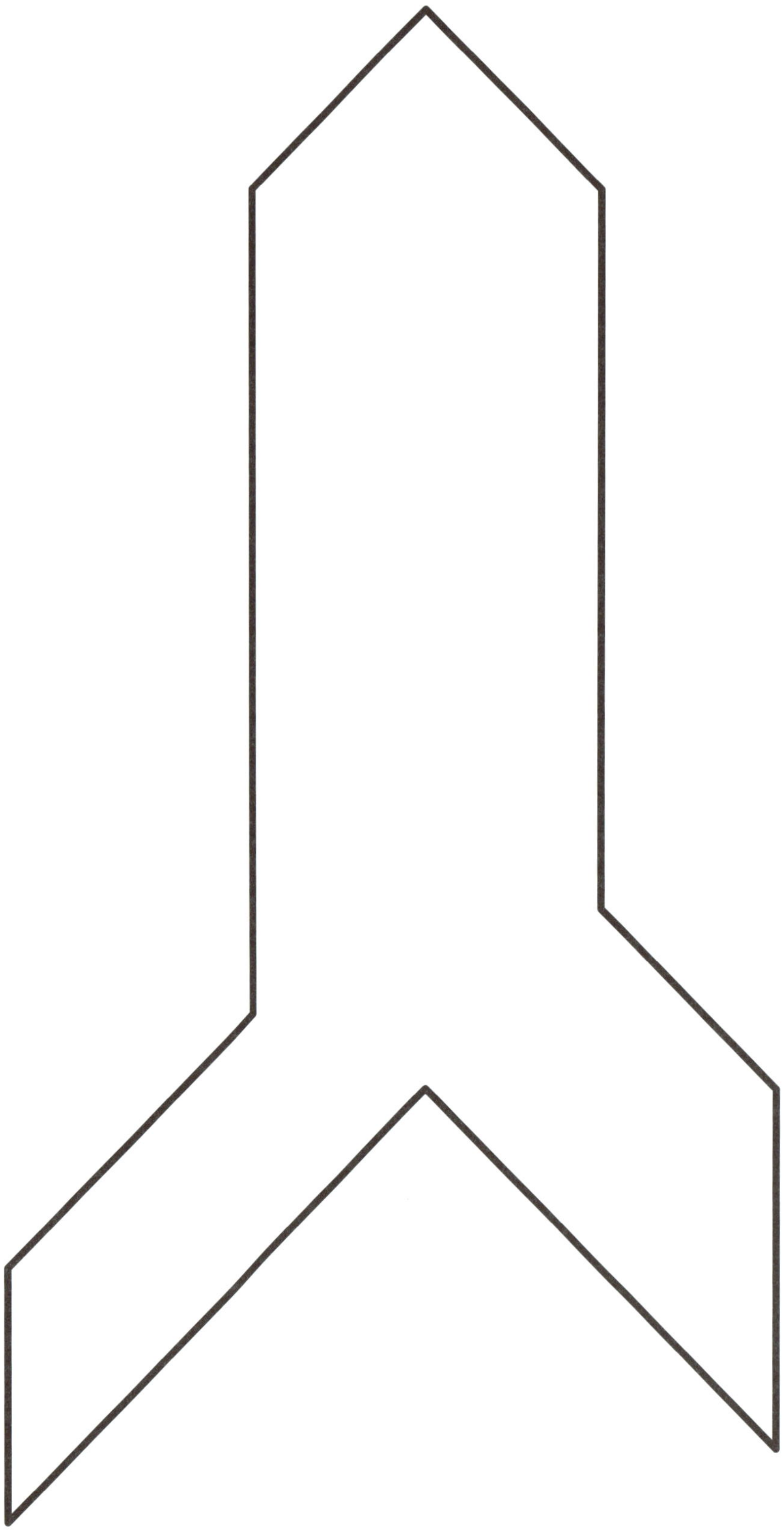

다음 모양을 맞추고, 한 조각을 움직여서 선대칭도형이 되도록 만들어 보세요.

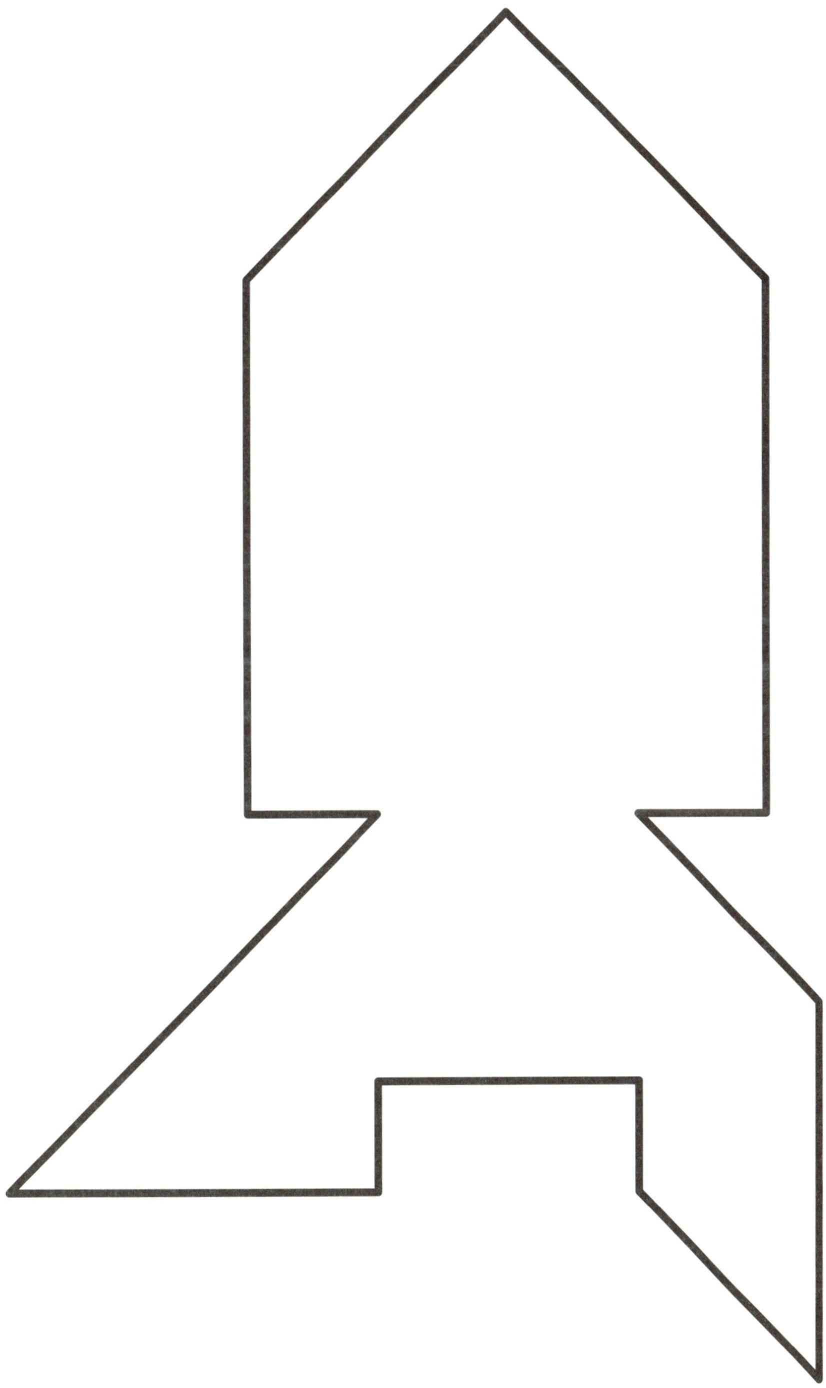

10. 오목다각형 찾기

다음 모양을 만들고 오목다각형을 찾아 ○하세요.

보기

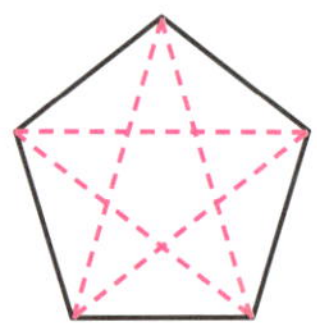

〈 볼록다각형 〉

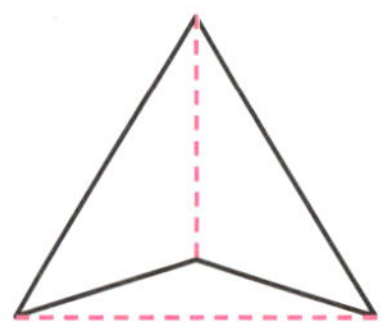

〈 오목다각형 〉

왼쪽 도형과 같이 꼭짓점끼리 연결해서 대각선을 그었을 때, 대각선이 도형 바깥에 한 개라도 있으면 오목다각형이라고 합니다. 오목다각형이 아닌 다각형을 볼록다각형이라고 합니다.

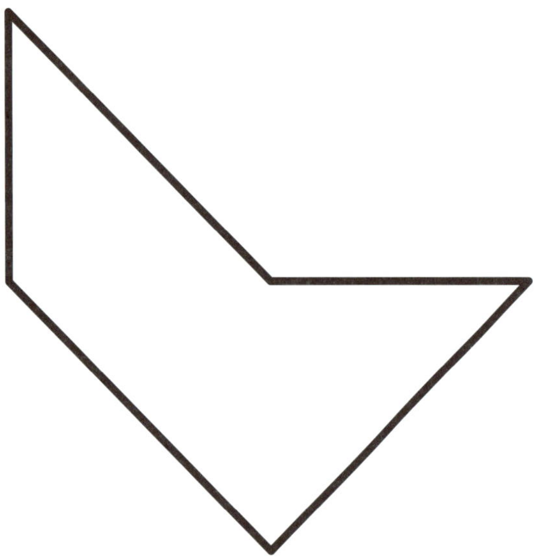

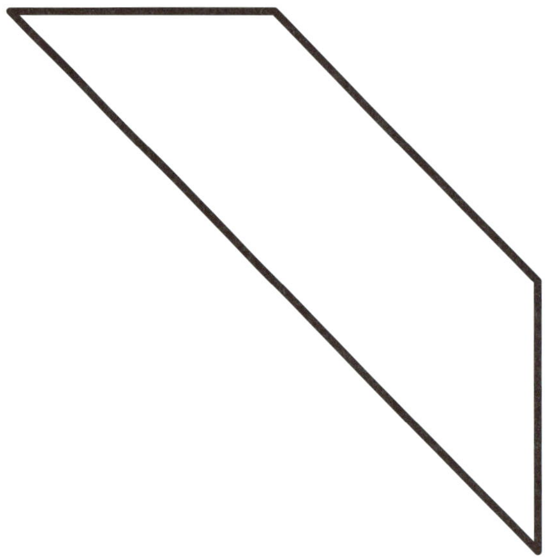

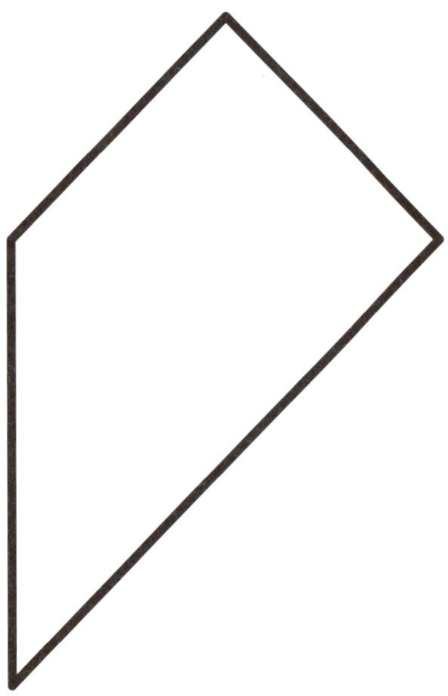

다음 모양을 만들고 오목다각형을 찾아 ○하세요.

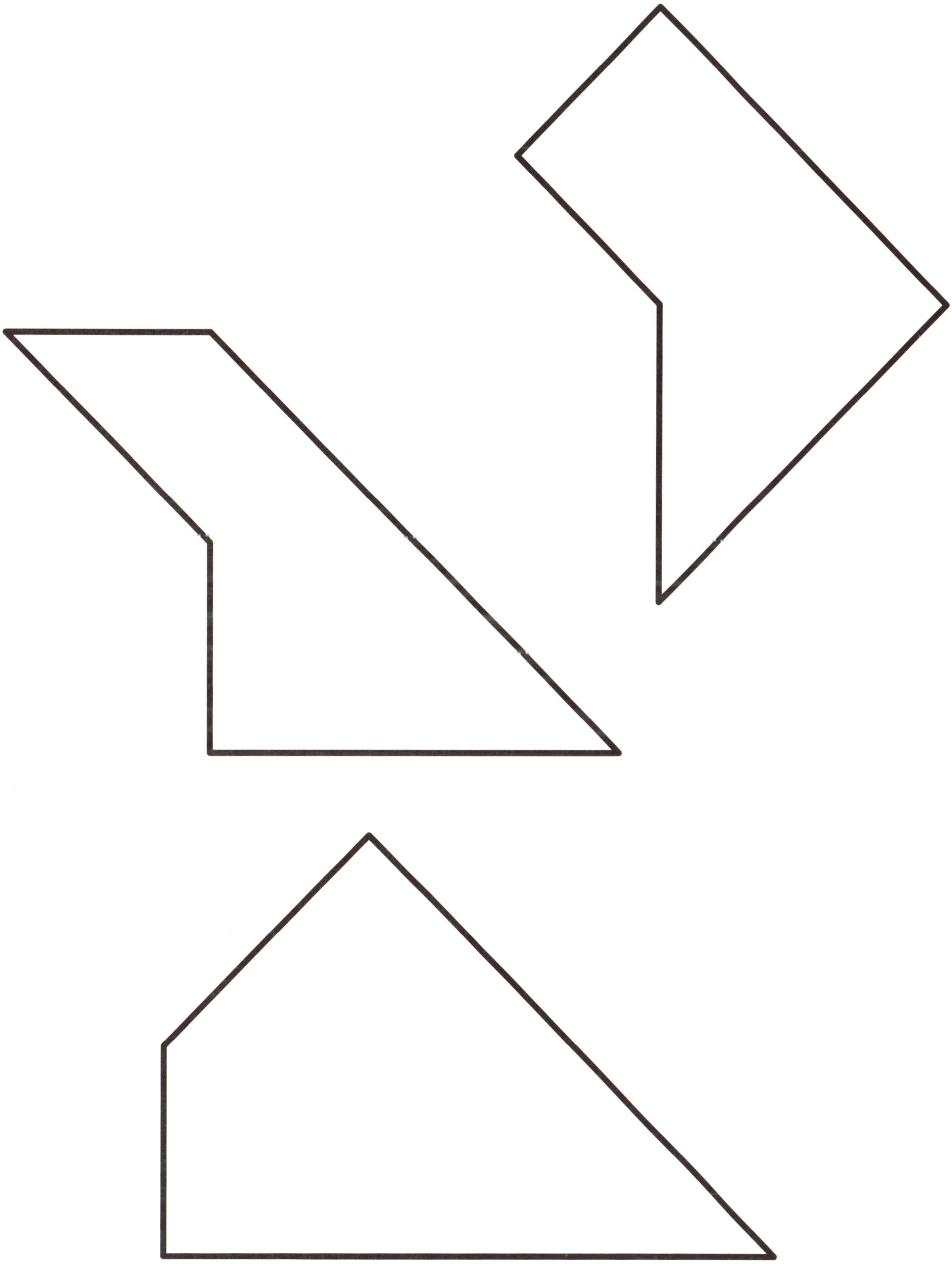

11. 크기 비교하기 1

측정

작은 삼각형의 크기를 1이라고 할 때, ㉮와 ㉯ 중에서 어느 것이 더 큰지 예상해 보고 크기를 구하여 확인해 보세요.

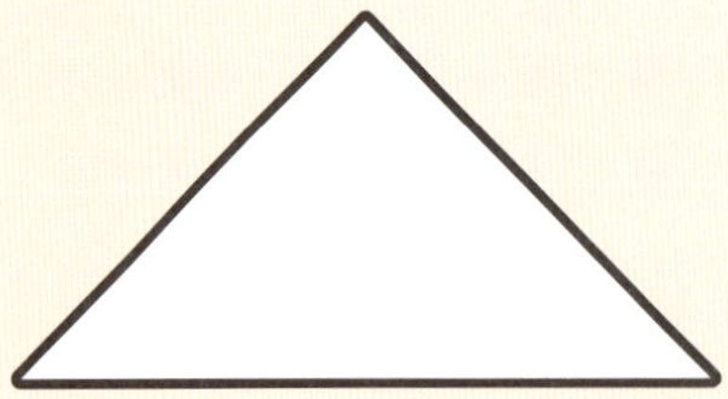

= 1

㉮

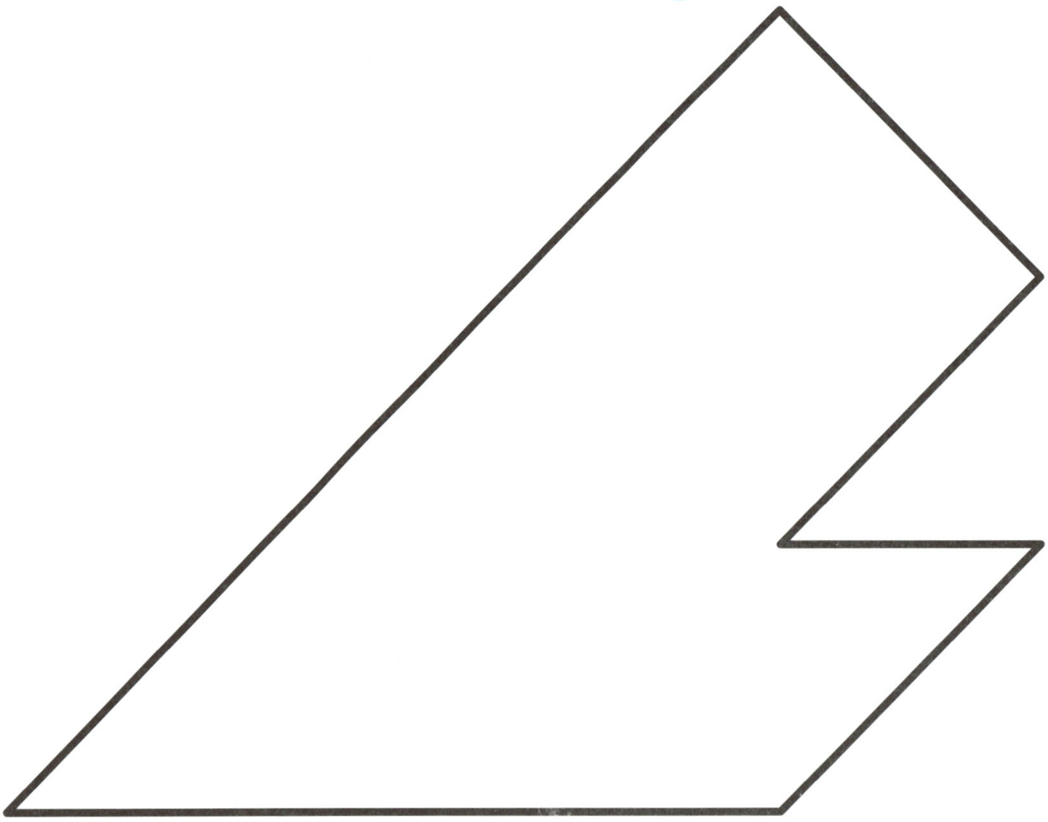

나

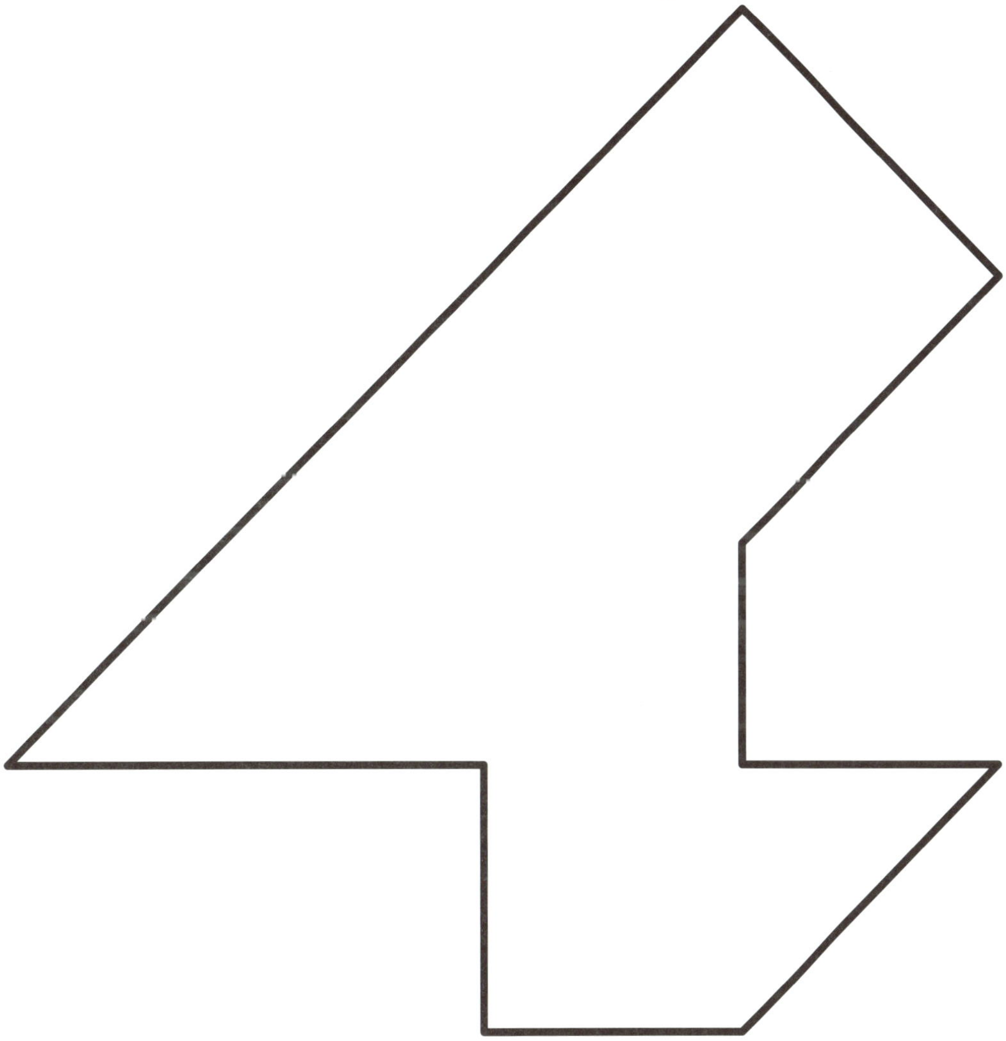

예상	확인

작은 삼각형의 크기를 1이라고 할 때, (가) 와 (나) 중에서 어느 것이 더 큰지 예상해 보고 크기를 구하여 확인해 보세요.

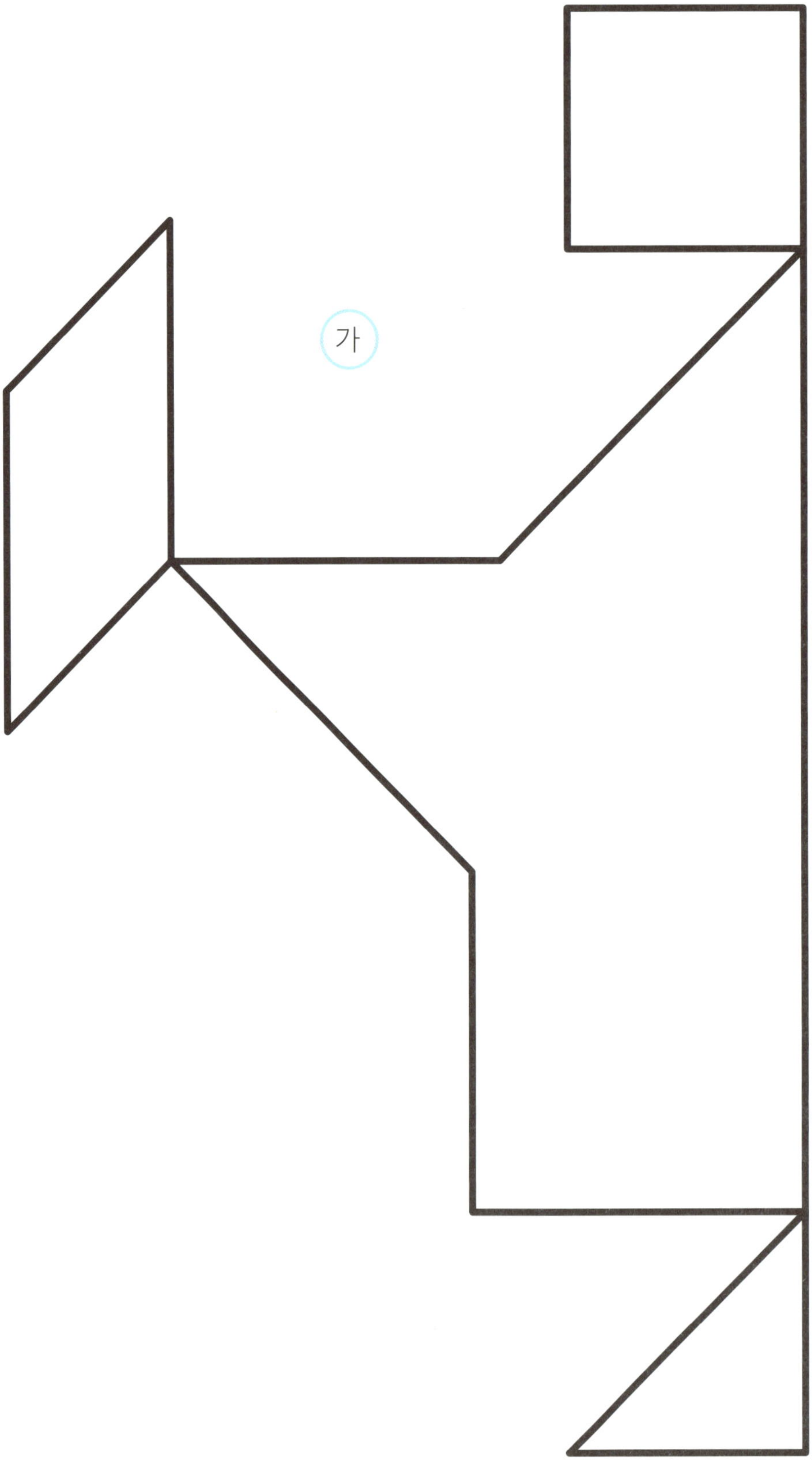

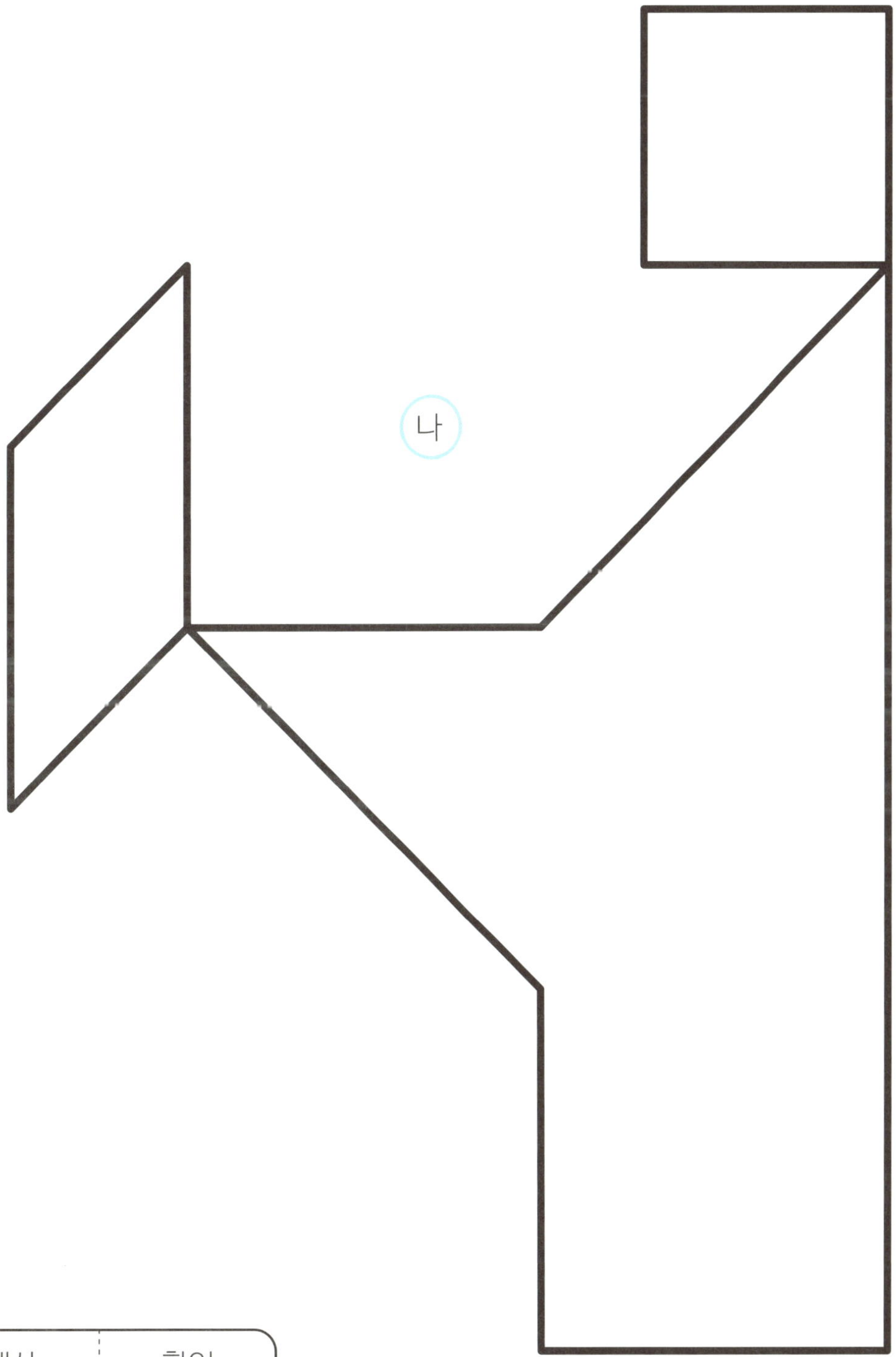

예상	확인

13. 입체 칠교 옆면 익히기

그림과 같이 칠교 조각을 놓고, 옆면에만 스티커를 붙여보세요.

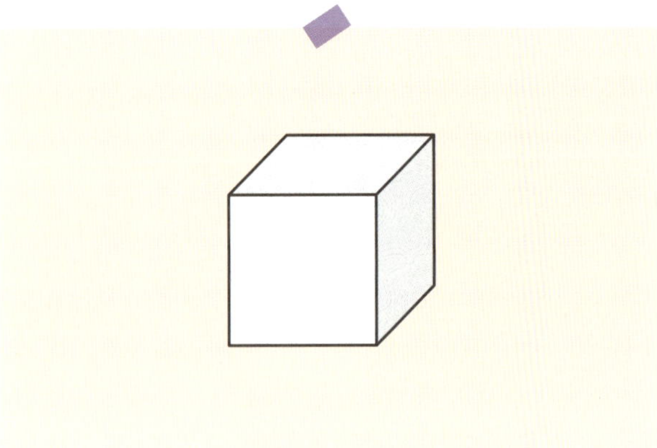

→

__________ 개

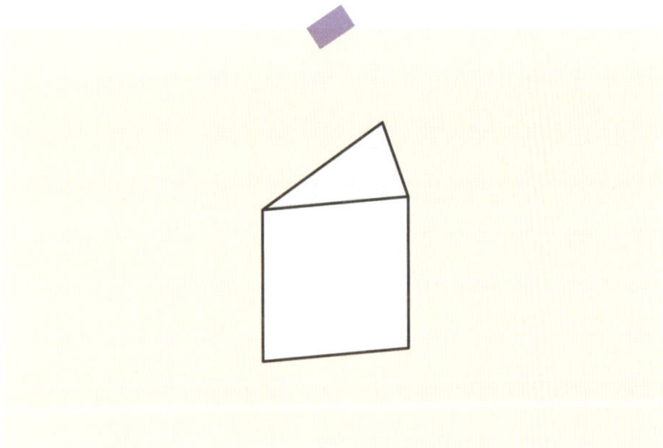

→

__________ 개

__________ 개

→

__________ 개

__________ 개

그림과 같이 칠교 조각을 놓고, 옆면에만 스티커를 붙여보세요.

_______ 개

_______ 개

_______ 개

_______ 개

다음 모양을 제시된 조각으로 만들고, 위, 앞, 옆에서 본 모양을 찾아 번호를 써보세요.

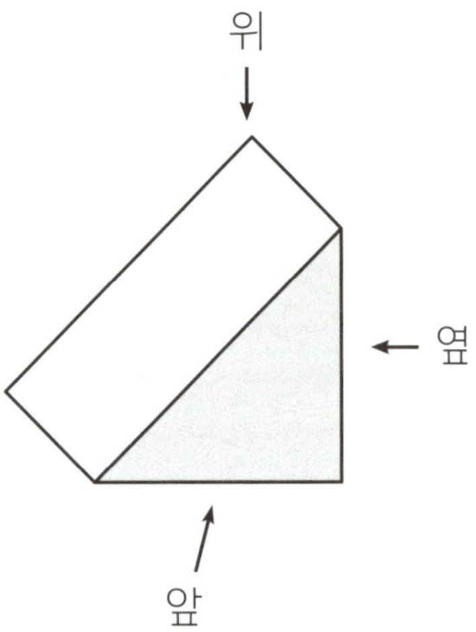

중간 삼각형

위에서 본 모양	앞에서 본 모양	옆에서 본 모양

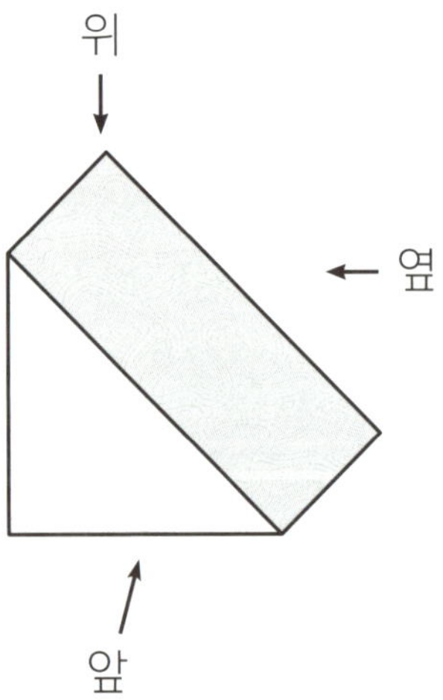

중간 삼각형

위에서 본 모양	앞에서 본 모양	옆에서 본 모양

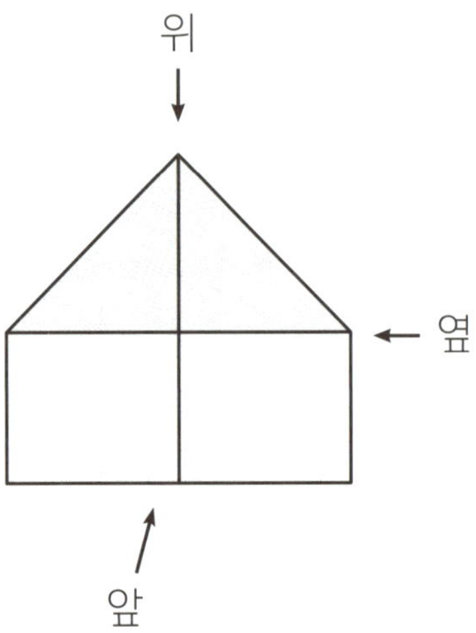

작은 삼각형 2개

위에서 본 모양	앞에서 본 모양	옆에서 본 모양

①

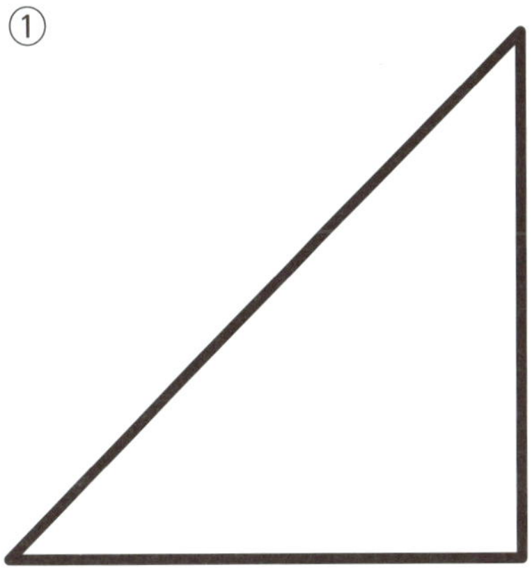

②

③

④

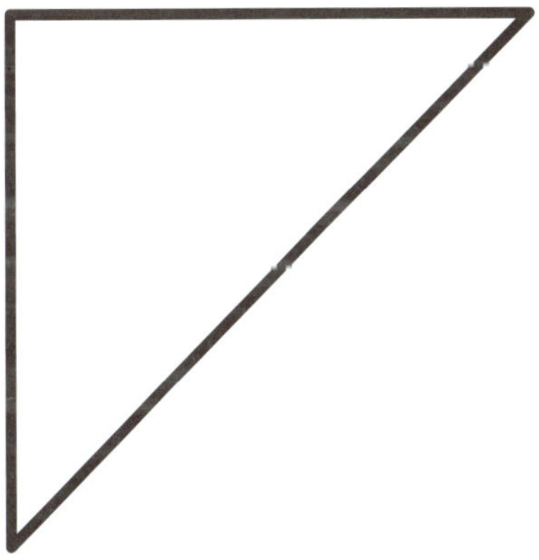

⑤

⑥

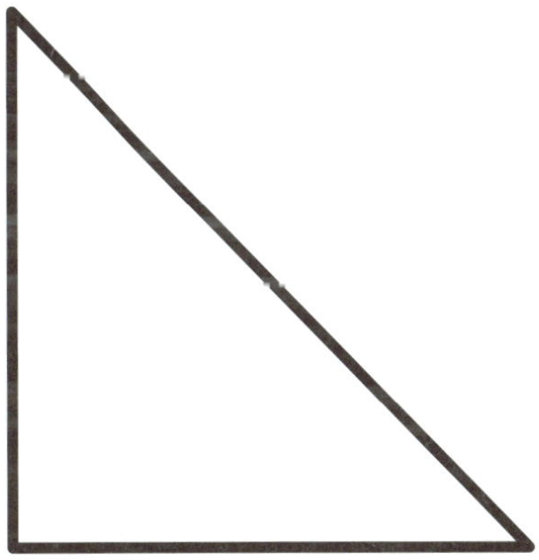

⑦

⑧

15. 위, 앞, 옆에서 본 모양 2

다음 모양을 제시된 조각으로 만들고, 위, 앞, 옆에서 본 모양을 찾아 번호를 써보세요.

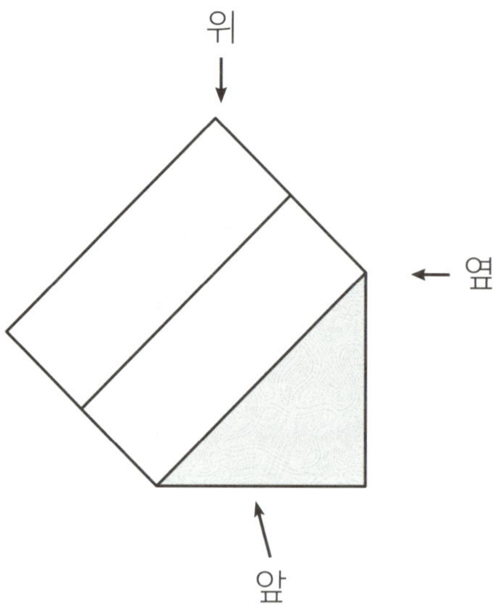

작은 삼각형 2개

위에서 본 모양	앞에서 본 모양	옆에서 본 모양

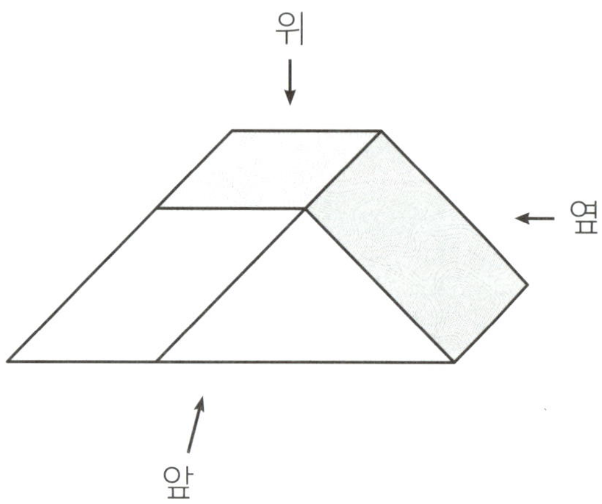

중간 삼각형, 평행사변형

위에서 본 모양	앞에서 본 모양	옆에서 본 모양

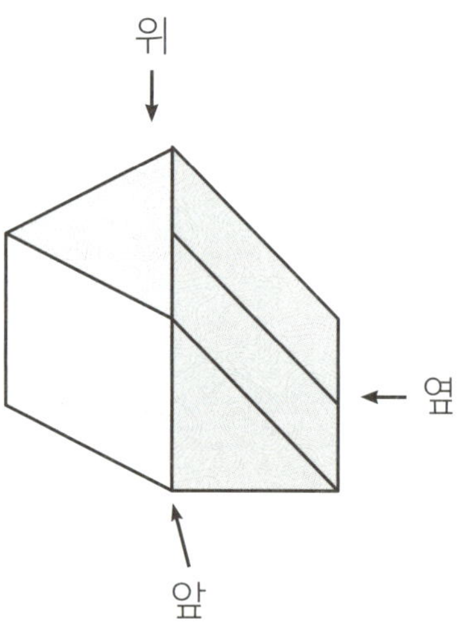

작은 삼각형 2개, 중간 삼각형

위에서 본 모양	앞에서 본 모양	옆에서 본 모양

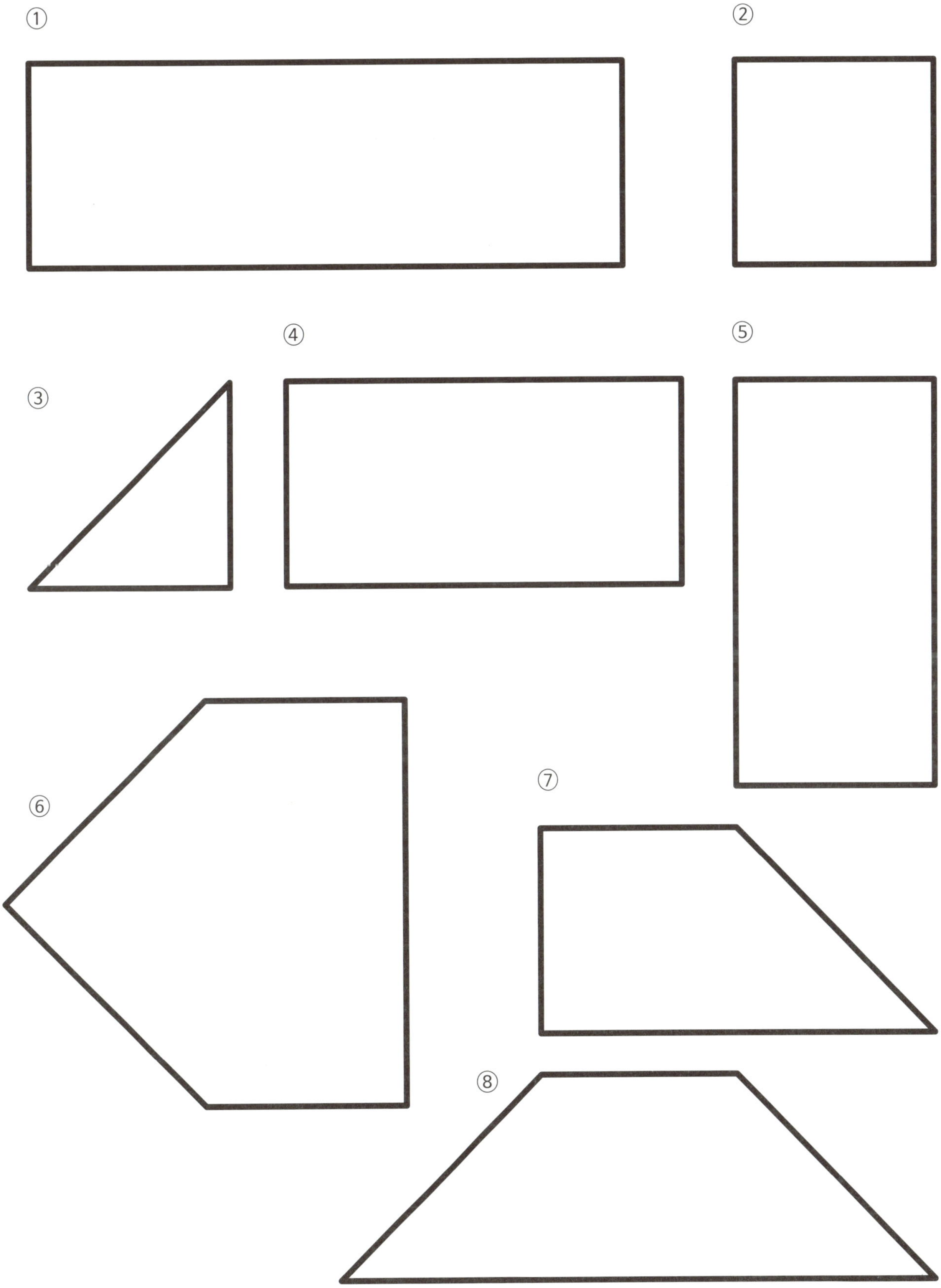
①
②
③
④
⑤
⑥
⑦
⑧

16. 입체 모양 만들기 1

다음은 앞에서 본 모양입니다. 평면 모양을 맞추고, 이를 세워서 입체 모양으로 만들어 보세요.

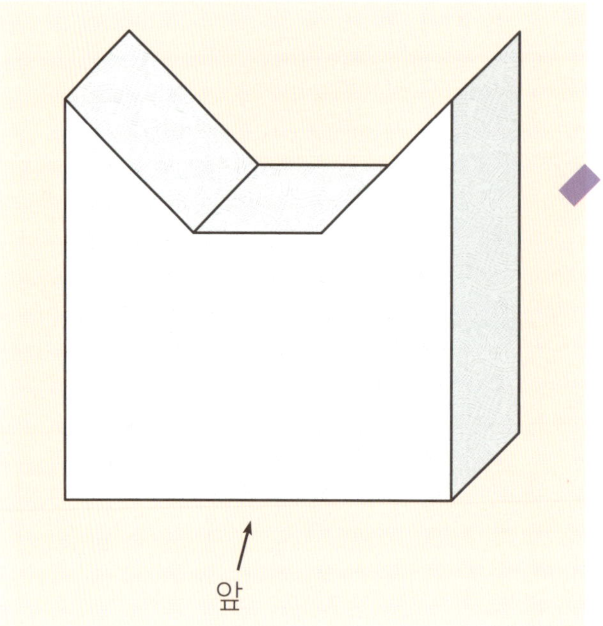

다음은 앞에서 본 모양입니다. 평면 모양을 맞추고, 이를 세워서 입체 모양으로 만들어 보세요.

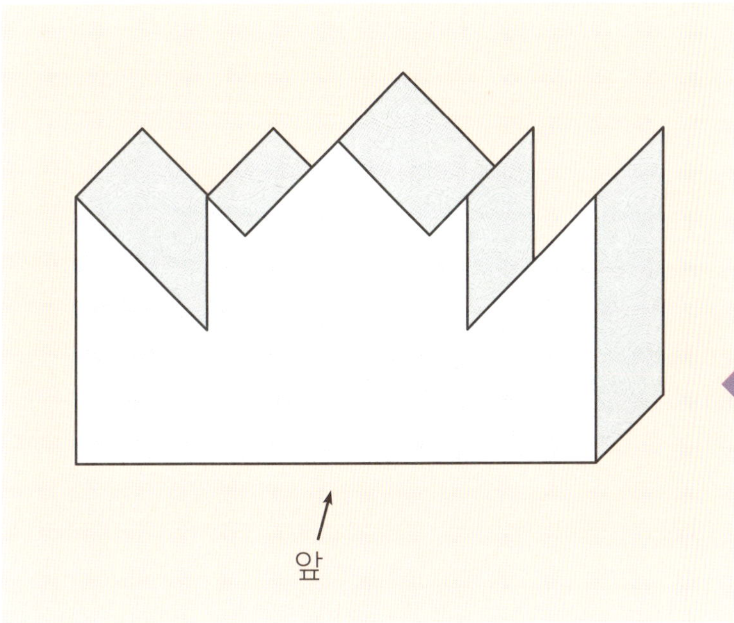

17. 입체 모양 만들기 2

도형

다음은 앞에서 본 모양입니다. 평면 모양을 맞추고, 이를 세워서 입체 모양으로 만들어 보세요.

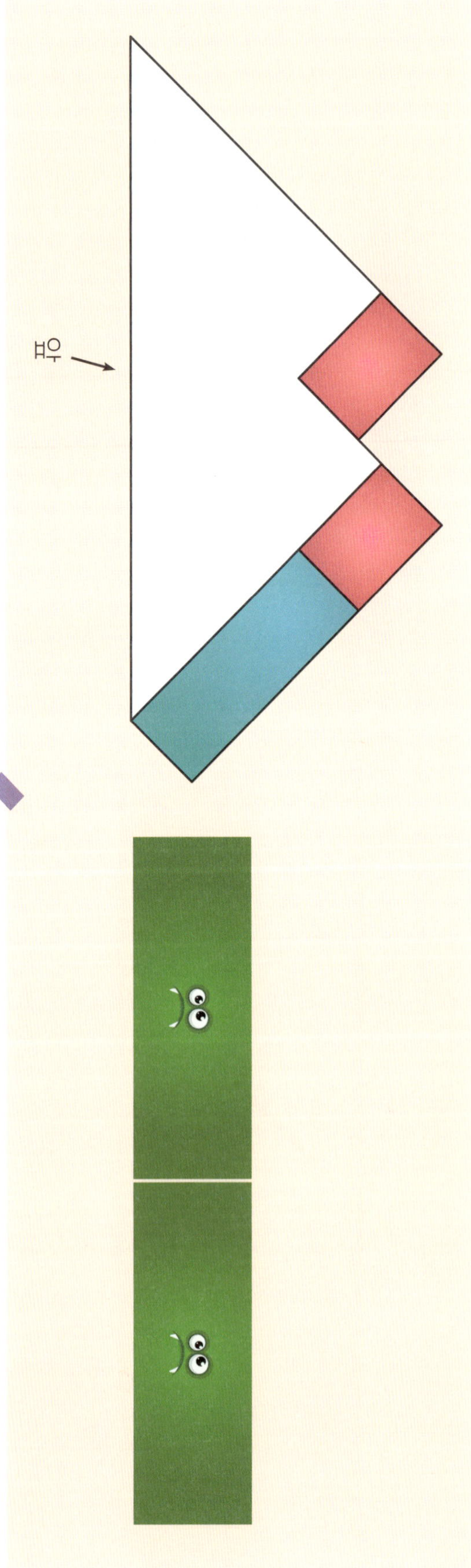

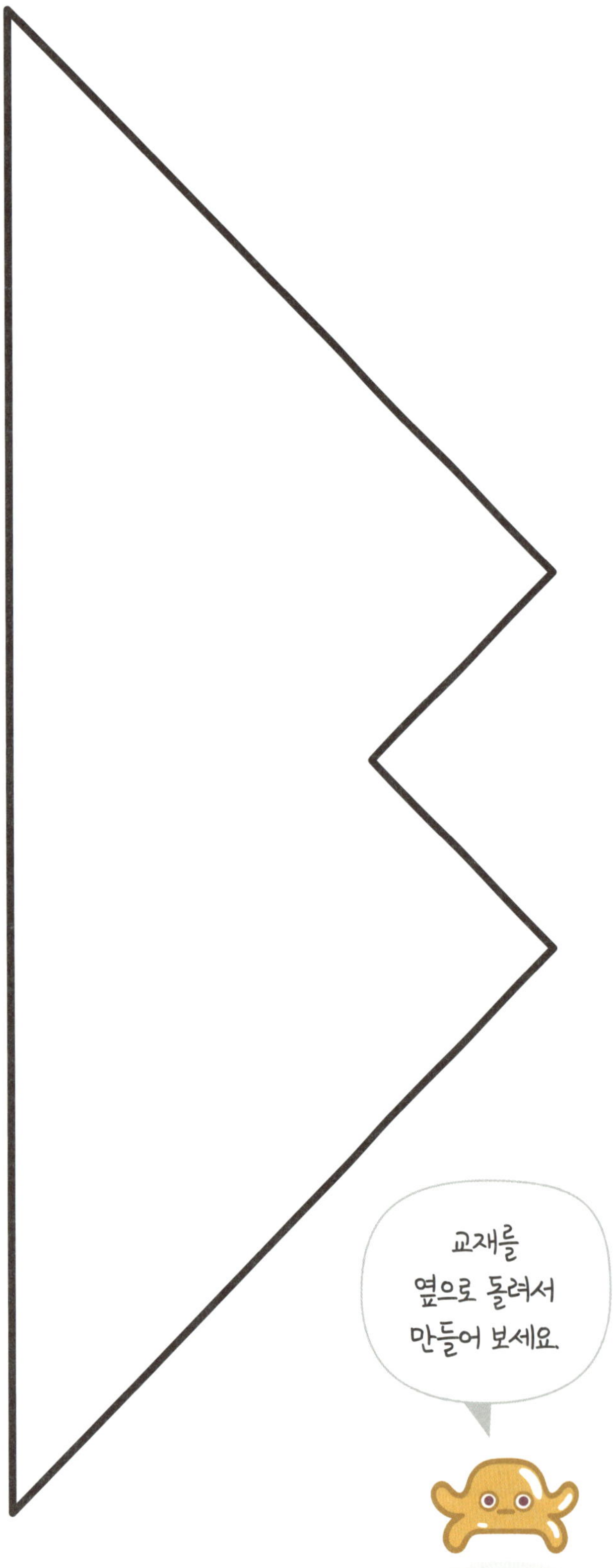

다음은 앞에서 본 모양입니다. 평면 모양을 맞추고, 이를 세워서 입체 모양으로 만들어 보세요.

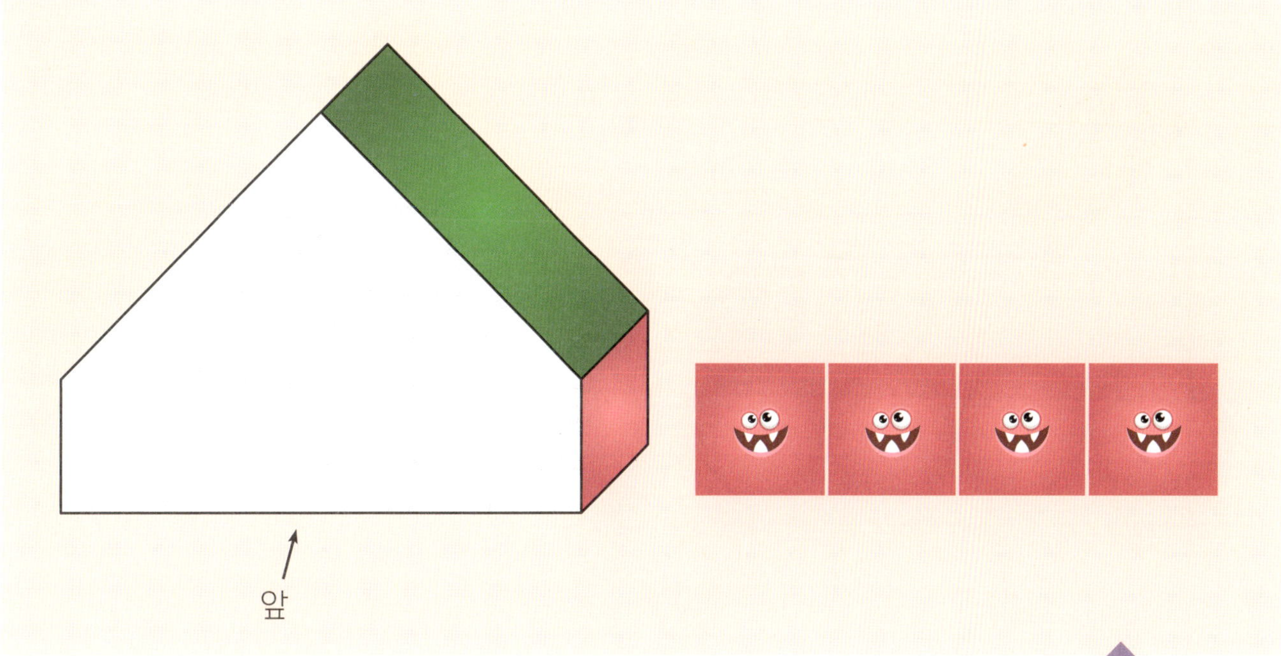

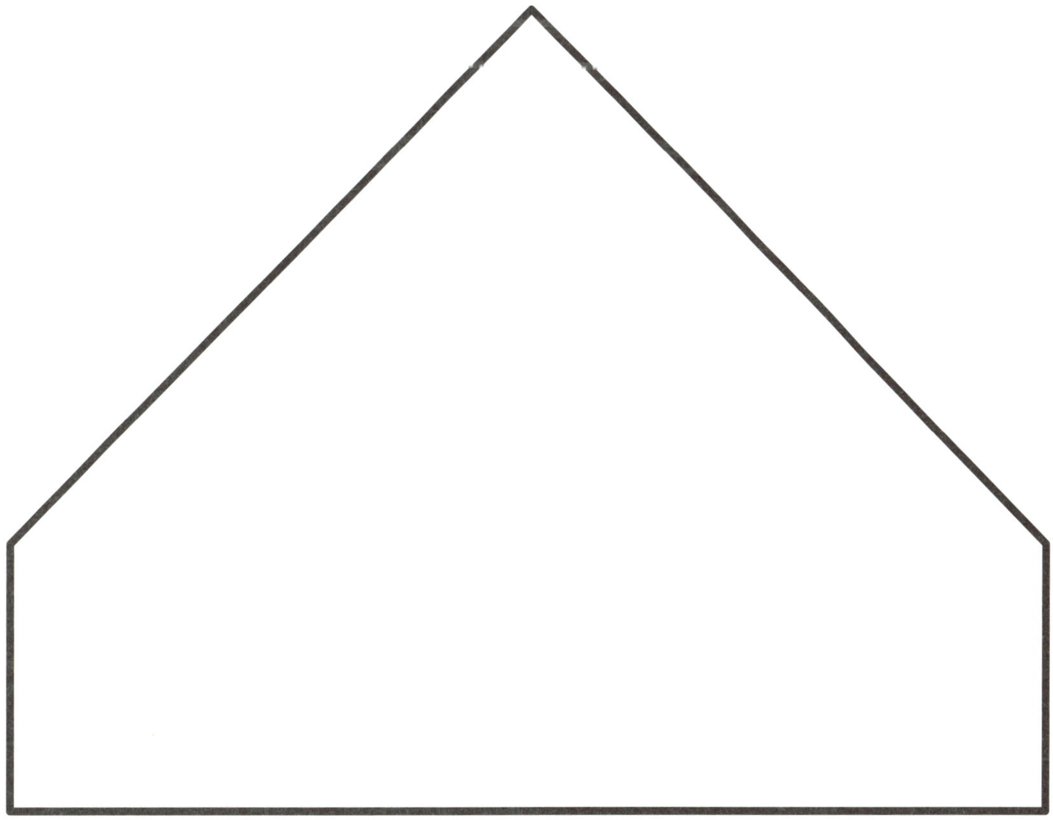

다음은 앞에서 본 모양입니다. 평면 모양을 맞추고, 이를 세워서 입체 모양으로 만들어 보세요.

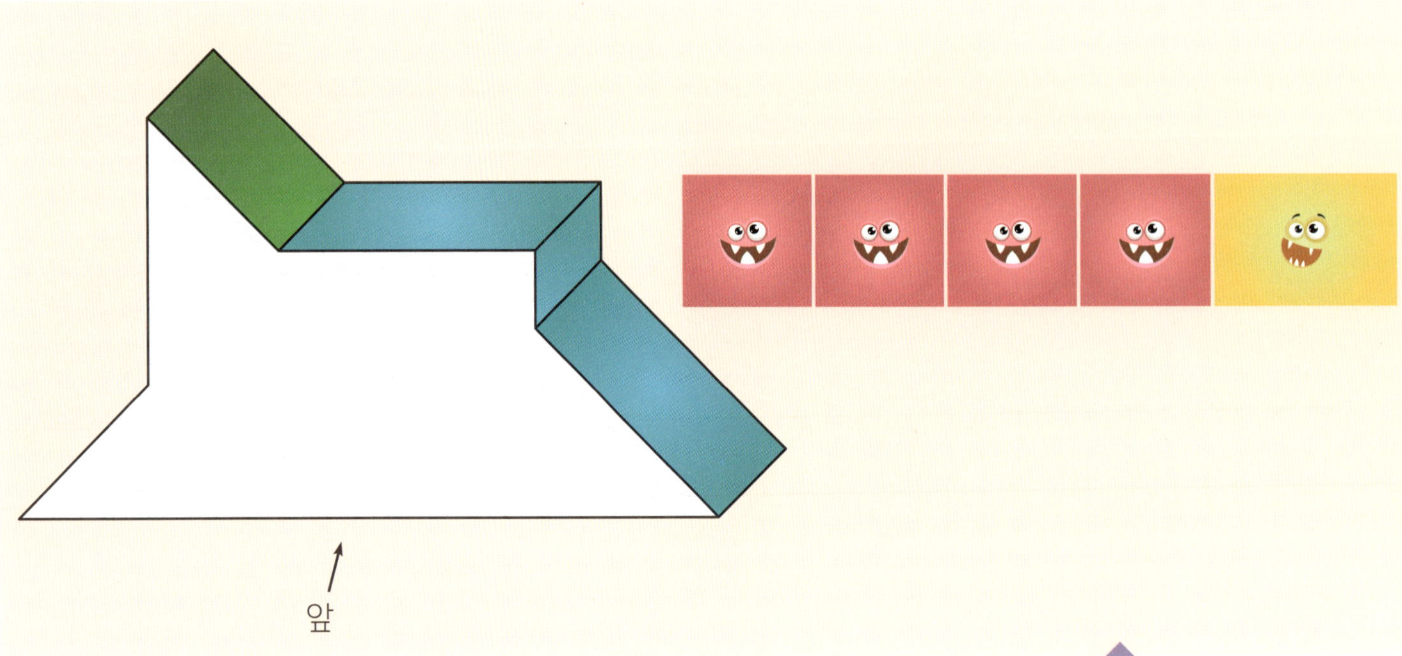

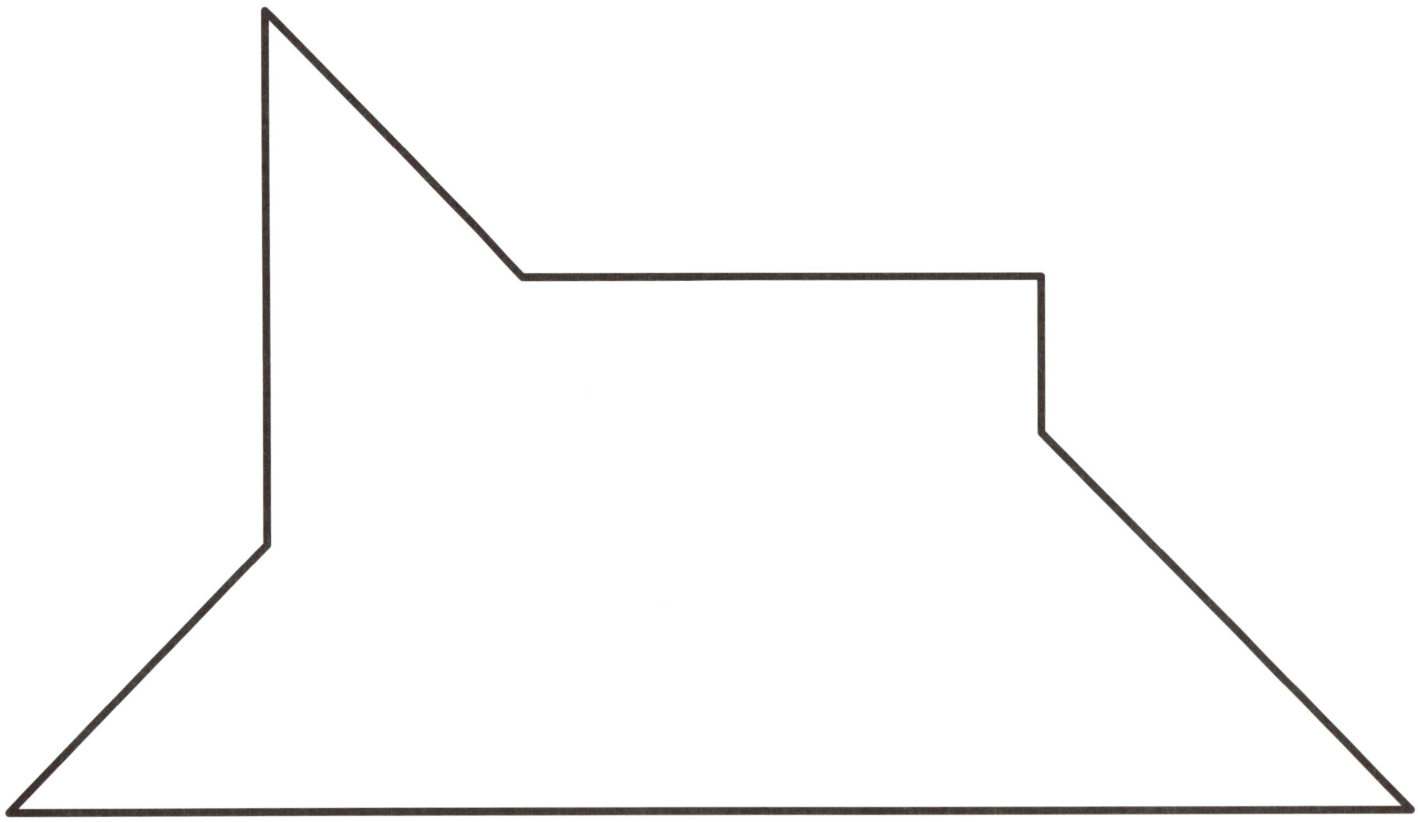

다음은 앞에서 본 모양입니다. 평면 모양을 맞추고, 이를 세워서 입체 모양으로 만들어 보세요.

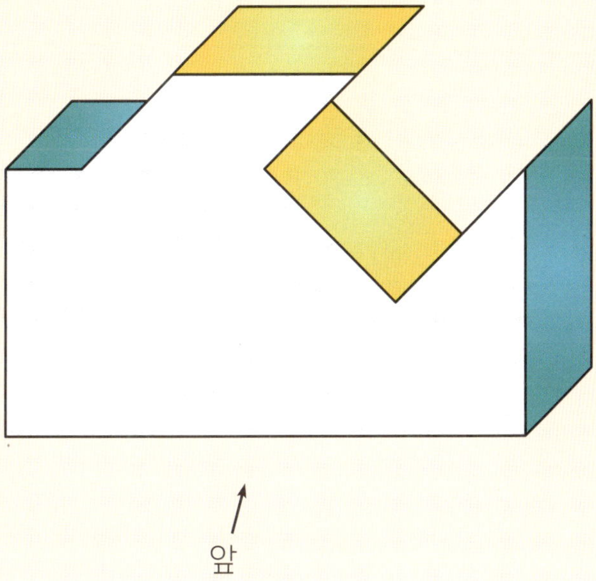

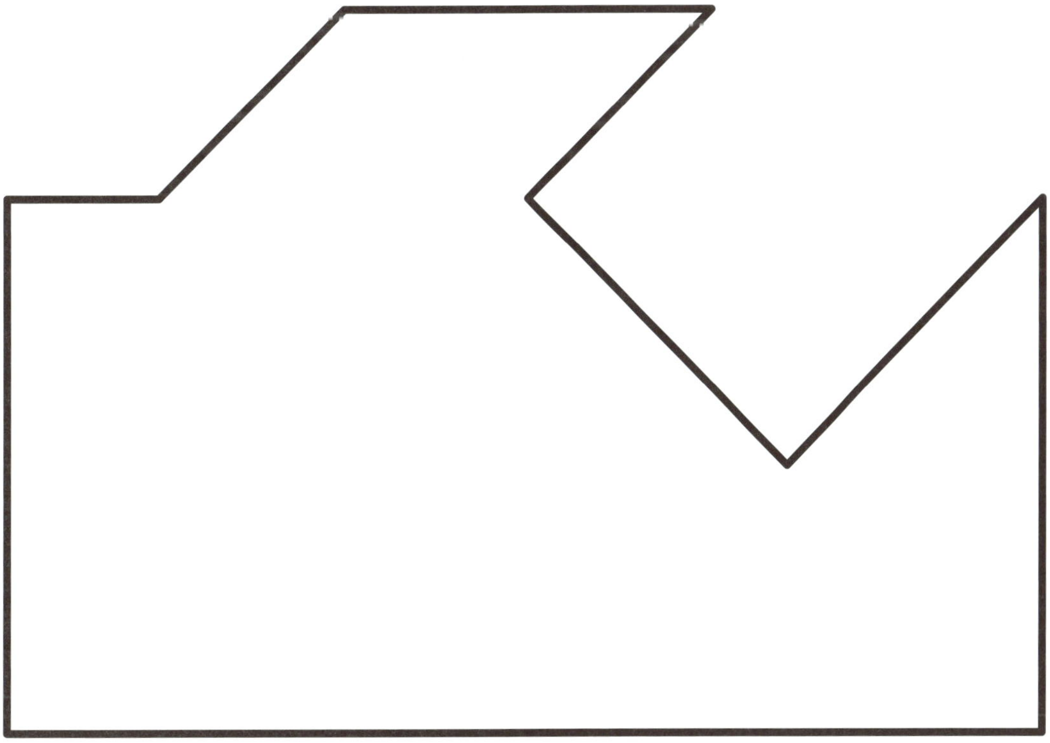

19. 7조각 다각형 1

도형

다음 정사각형을 만들고 조건대로 움직여서 모양을 만들어 보세요.

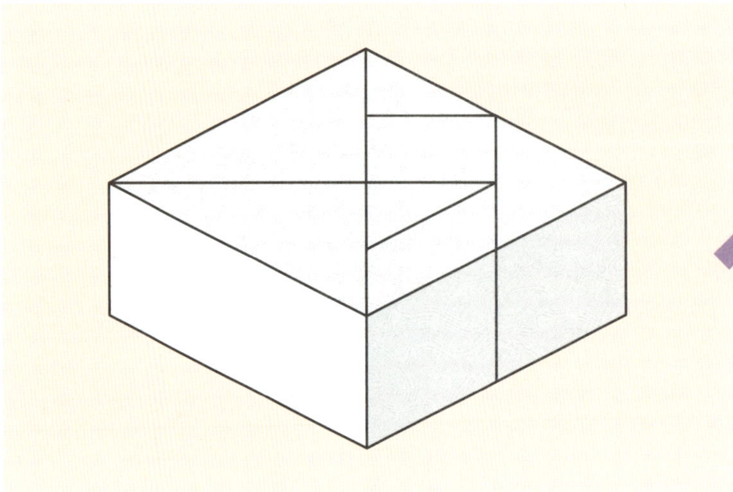

두 조각 움직여서 직각삼각형 만들기

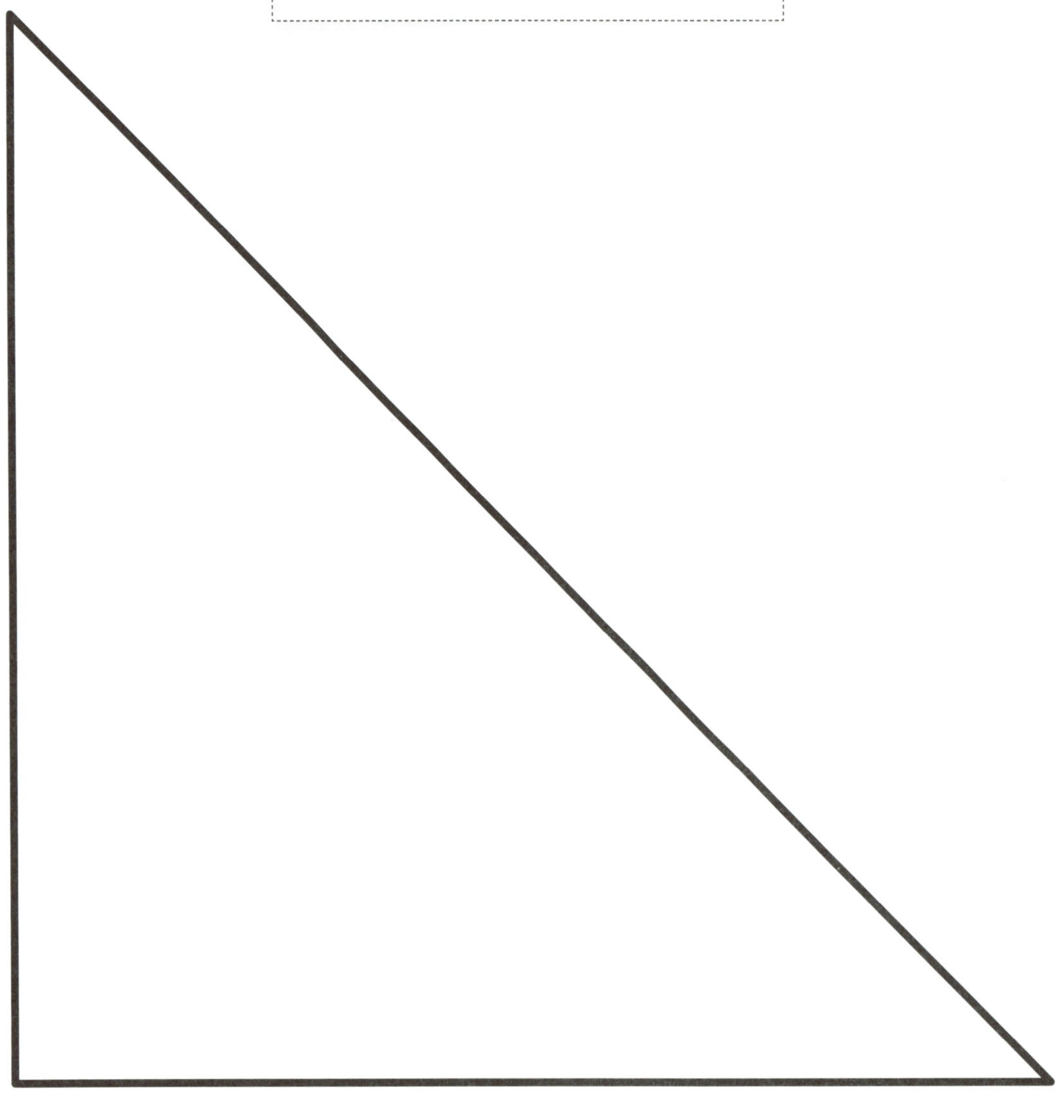

앞에서 만든 삼각형을 만들고 조건대로 움직여서 모양을 만들어 보세요.

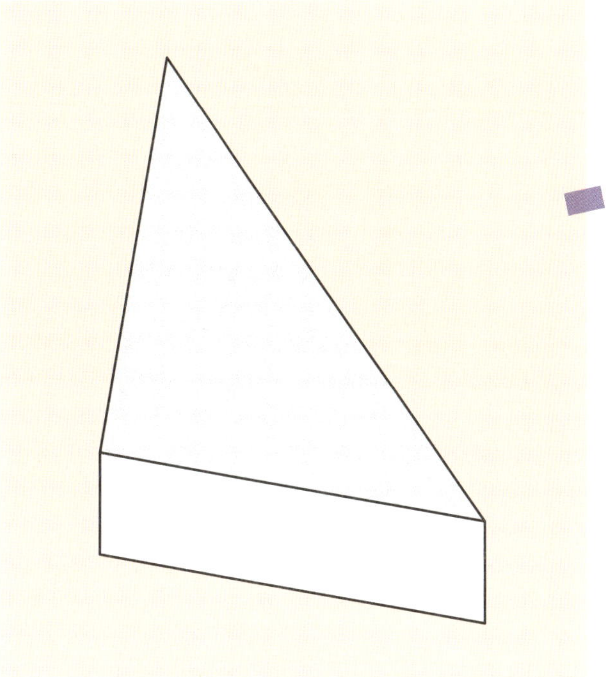

한 조각 움직여서 평행사변형 만들기

20. 7조각 다각형 2

다음 앞에서 만든 평행사변형을 가지고 조건대로 움직여서 모양을 만들어 보세요.

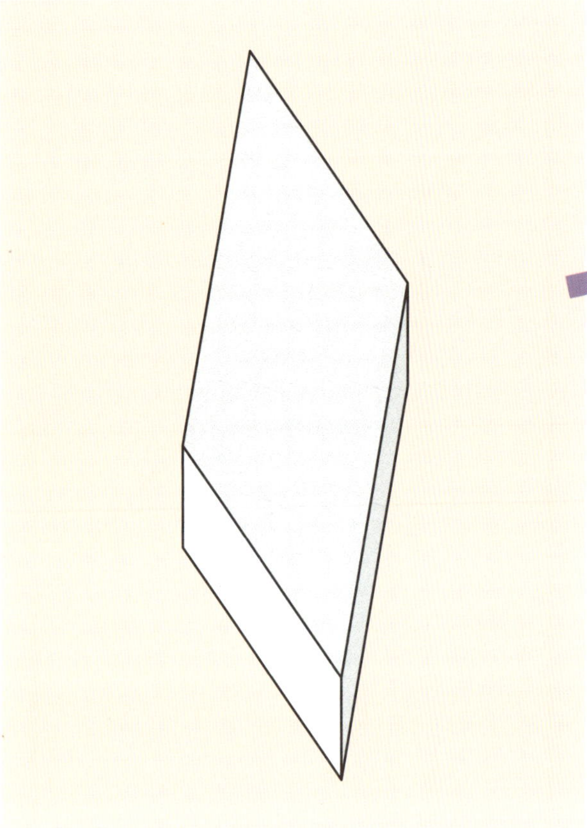

한 조각 움직여서 사다리꼴 만들기

다음 앞에서 만든 사다리꼴을 가지고 조건대로 움직여서 모양을 만들어 보세요.

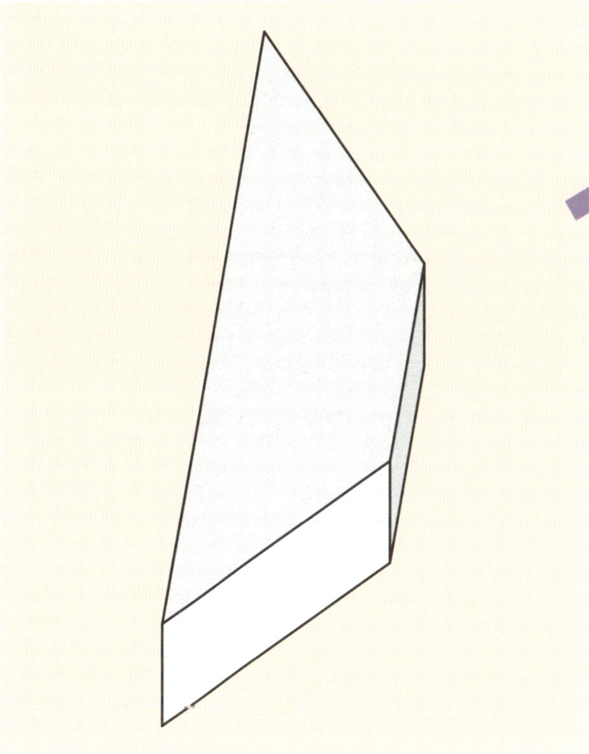

한 조각 움직여서 직사각형 만들기

정답 제시된 방법 외에 다양한 답이 나올 수 있습니다.

p.6

1. 칠교 조각 익히기

도형

칠교 조각을 놓고 이름을 약속해 보세요.

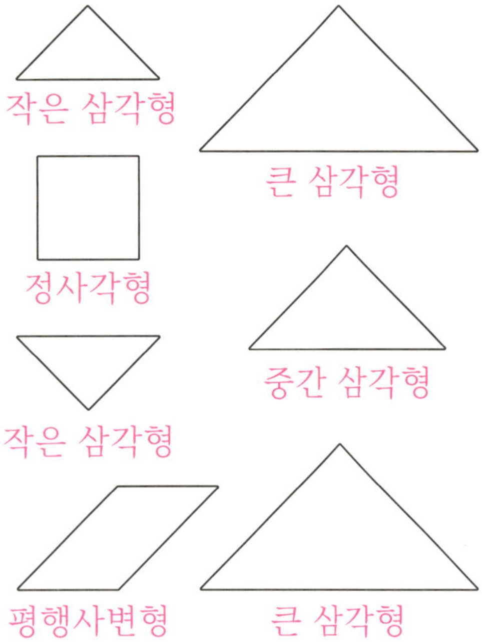

p.7

교구탐색

칠교 조각은 정사각형을 잘라서 만들었어요. 다음의 점과 점을 차례대로 이어서 칠교 조각을 만들어 보세요.

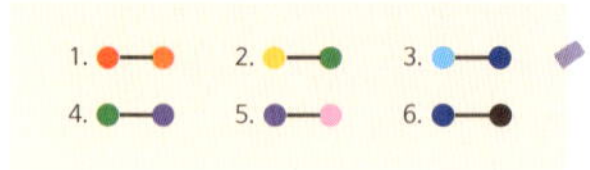

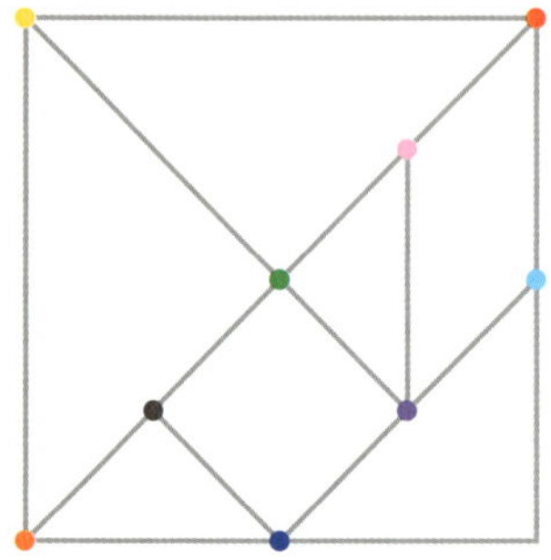

선을 그은 후 칠교 조각들을 올려 놓아 보세요.

티칭 가이드 이름 스티커 1세트는 6쪽 교재에 붙이고, 1세트는 칠교 조각 윗면에 붙여주세요.

p.8

2. 모양 만들기 1

도형

다음 모양을 만들어 보세요.

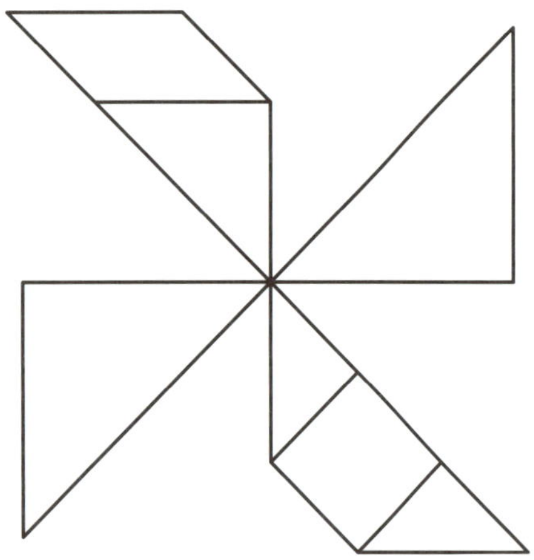

p.9

모양 맞추기

다음 모양을 만들어 보세요.

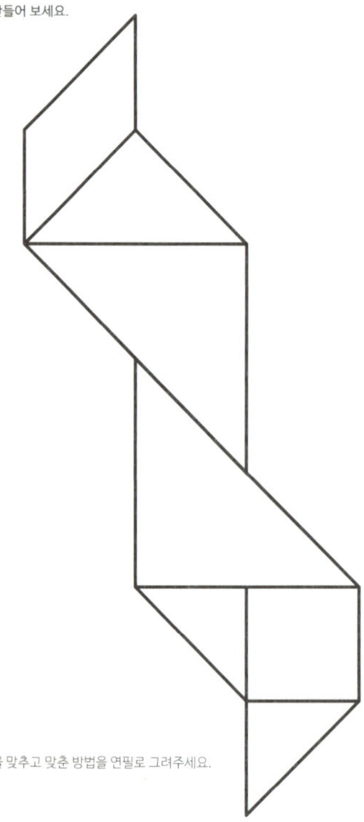

티칭 가이드 모양을 맞추고 맞춘 방법을 연필로 그려주세요.

제시된 방법 외에 다양한 답이 나올 수 있습니다.

p.10

3. 모양 만들기 2

도형

다음 모양을 만들어 보세요.

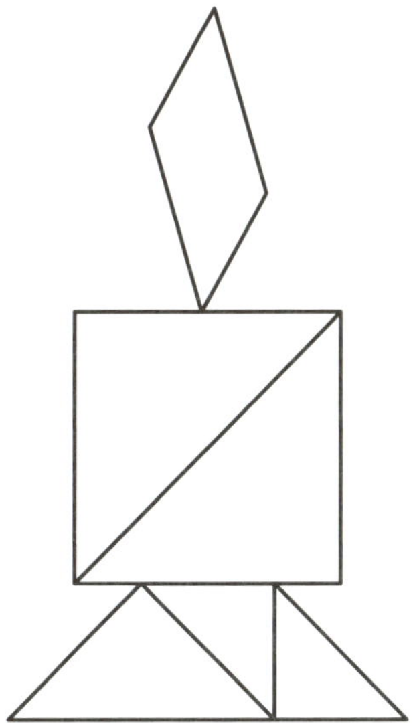

p.11

모양 맞추기

다음 모양을 만들어 보세요.

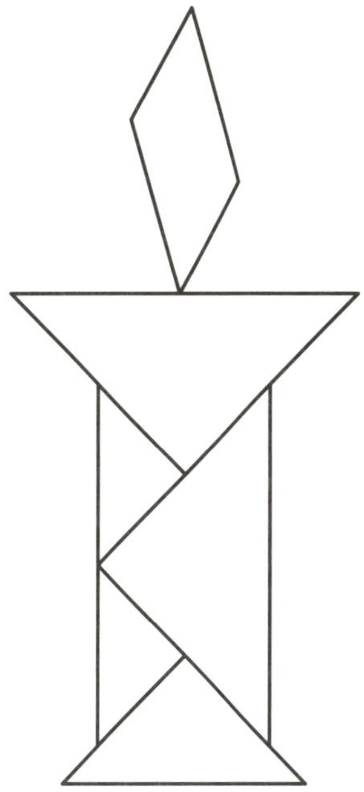

p.12

4. 칠교 조각의 크기 익히기

측정

작은 삼각형의 크기를 1이라고 약속합니다. 칠교 조각의 크기를 구해보세요.

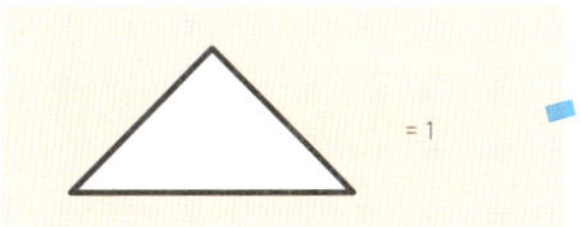

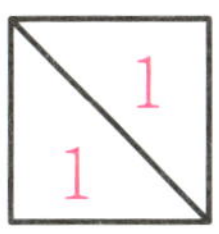

크기 : 2

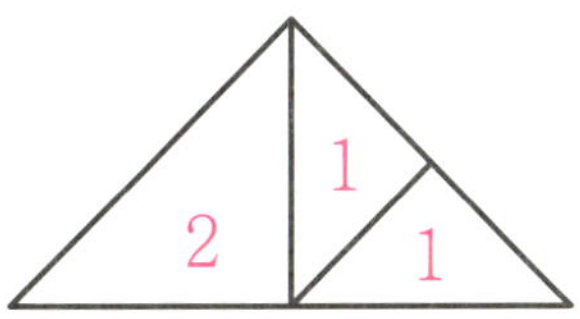

크기 : 4

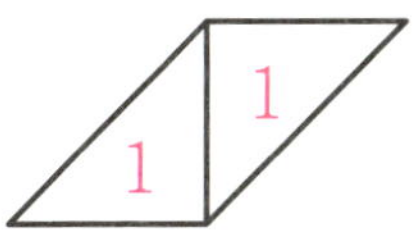

크기 : 2

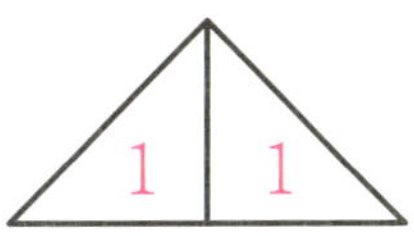

크기 : 2

p.13

교구탐색

칠교 조각을 분류하고 조각의 이름을 써보세요.

모양

삼각형	사각형
작은 삼각형 중간 삼각형 큰 삼각형	정사각형 평행사변형

크기

크기가 2인 것	크기가 2가 아닌 것
중간 삼각형 정사각형 평행사변형	작은 삼각형 큰 삼각형

작은 삼각형의 크기를 1로 약속합니다.

정답 제시된 방법 외에 다양한 답이 나올 수 있습니다.

p.14

5. 한 조각 붙여 다각형 만들기 1

도형

가 에 순서대로 제시된 조각을 붙여서 나 , 다 를 만들고, 스티커를 붙여보세요.

가 삼각형
↓ 중간 삼각형
나 사각형
↓ 큰 삼각형
다 오각형

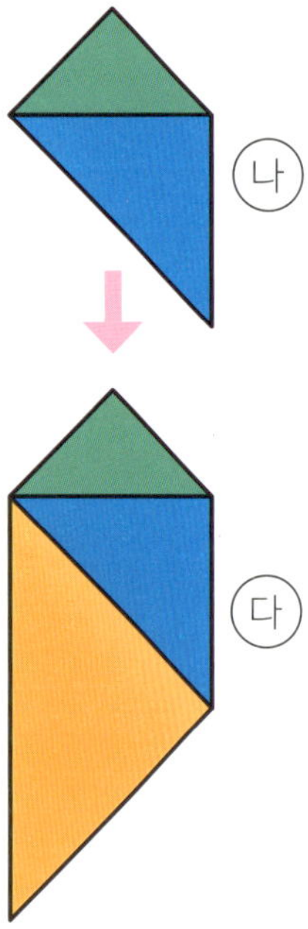

p.15

다각형 변신

가 에 순서대로 제시된 조각을 붙여서 나 , 다 를 만들고, 스티커를 붙여보세요.

가 사각형
↓ 중간 삼각형
나 오각형
↓ 작은 삼각형
다 육각형

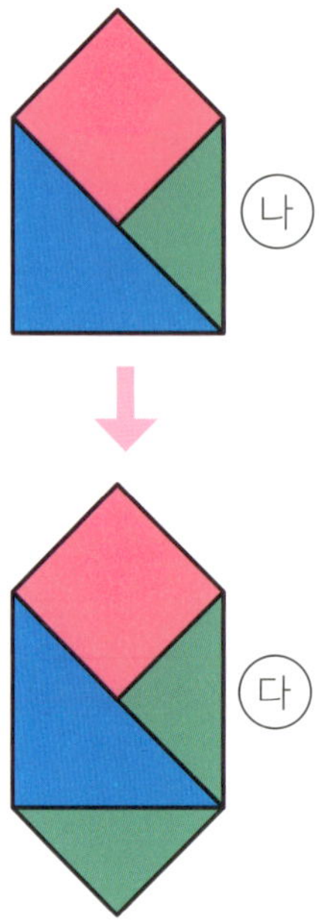

p.16

6. 한 조각 붙여 다각형 만들기 2

도형

가 에 순서대로 제시된 조각을 붙여서 나 , 다 , 라 , 마 를 만들고, 스티커를 붙여보세요.

가 는 14쪽과
다른 모양을
만들어야 해!

가 삼각형
↓ 평행사변형
나 등변사다리꼴
↓ 큰 삼각형
다 오각형

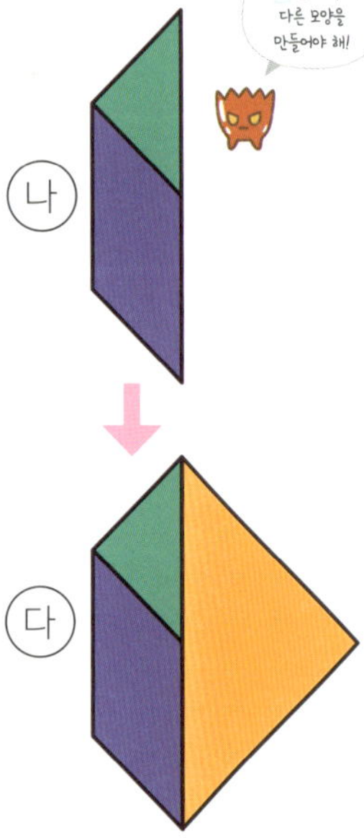

티칭 가이드 **등변사다리꼴** : 사각형 중에서 사다리처럼 생긴 도형을 사다리꼴이라고 합니다. 등변사다리꼴은 마주보는 한 쌍의 변이 평행하고, 밑각이 같은 사각형을 말합니다. 대표적인 예로 패턴블록의 사다리꼴( )이 있습니다.

p.17

다각형 변신

앞에서 만든
오각형(다)에 조각을
붙여야 해~

↓ 중간 삼각형
라 육각형
↓ 큰 삼각형
마 오각형

티칭 가이드 16쪽에서 만든 오각형을 스티커를 사용하여 만든 후에 문제를 해결합니다.

제시된 방법 외에 다양한 답이 나올 수 있습니다.

p.18

7. 선대칭도형 만들기 1

도형

빨간 대칭축을 중심으로 양쪽이 똑같은 모양이 되도록 만들어 보세요.
이때, 칠교 7조각을 모두 사용해야 합니다.

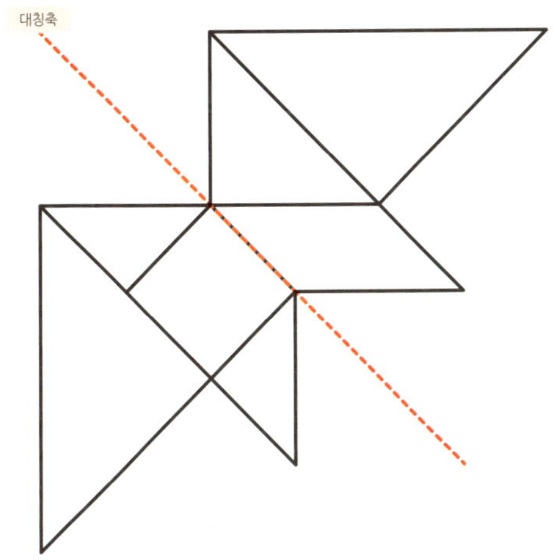

p.19

선대칭도형

빨간 대칭축을 중심으로 양쪽이 똑같은 모양이 되도록 만들어 보세요.
이때, 칠교 7조각을 모두 사용해야 합니다.

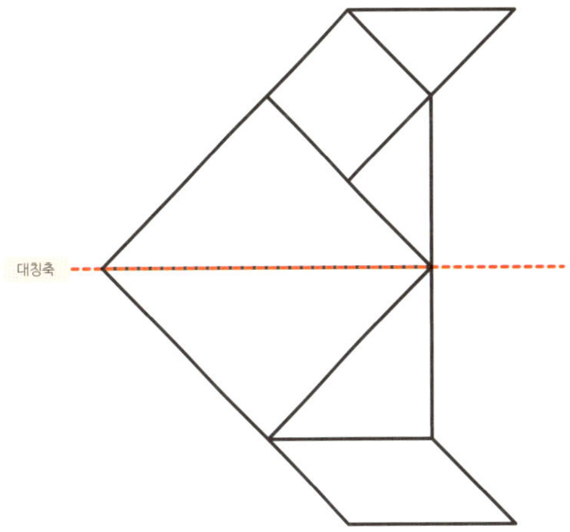

p.20

8. 선대칭도형 만들기 2

도형

다음 모양을 만들어 보세요.

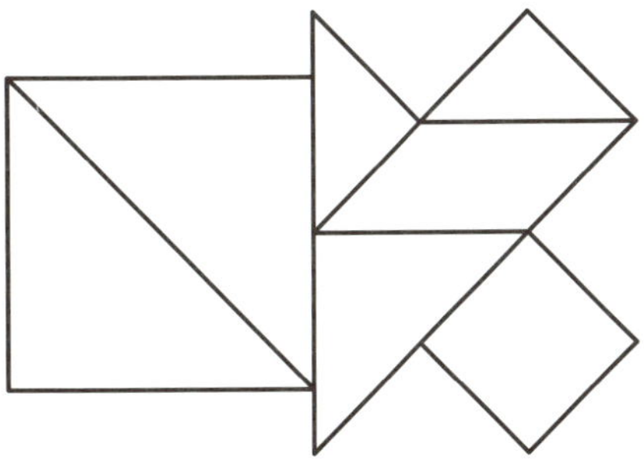

대칭축을 한번 그려볼까?

p.21

선대칭도형

다음 모양을 만들어 보세요.

정답 제시된 방법 외에 다양한 답이 나올 수 있습니다.

p.22

9. 선대칭도형 만들기 3

도형

다음 모양을 맞추고, 한 조각을 움직여서 선대칭도형이 되도록 만들어 보세요.

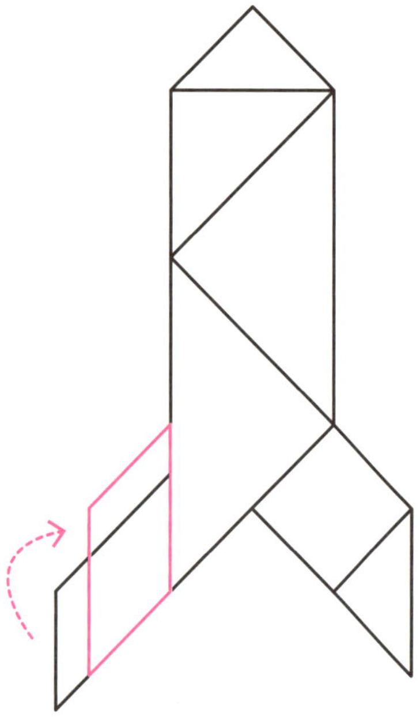

22 CHALLENGE STEP 2

p.23

선대칭도형

다음 모양을 맞추고, 한 조각을 움직여서 선대칭도형이 되도록 만들어 보세요.

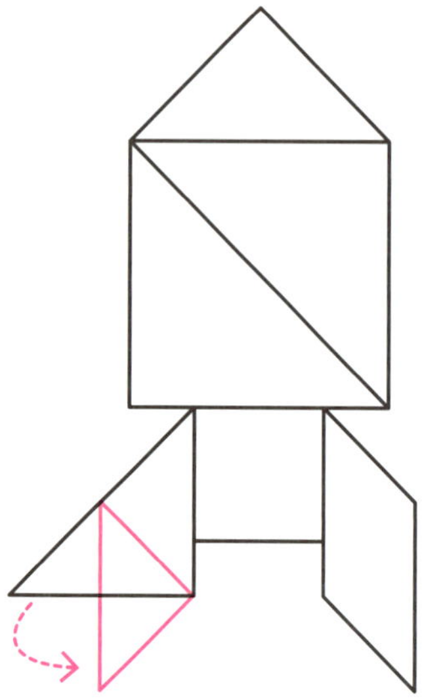

입체칠교 23

p.24

10. 오목다각형 찾기

도형

다음 모양을 만들고 오목다각형을 찾아 ○하세요.

보기

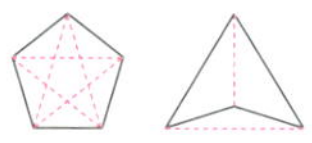

〈 볼록다각형 〉 〈 오목다각형 〉

왼쪽 도형과 같이 꼭짓점끼리 연결해서 대각선을 그었을 때, 대각선이 도형 바깥에 한 개라도 있으면 오목다각형이라고 합니다. 오목다각형이 아닌 다각형을 볼록다각형이라고 합니다.

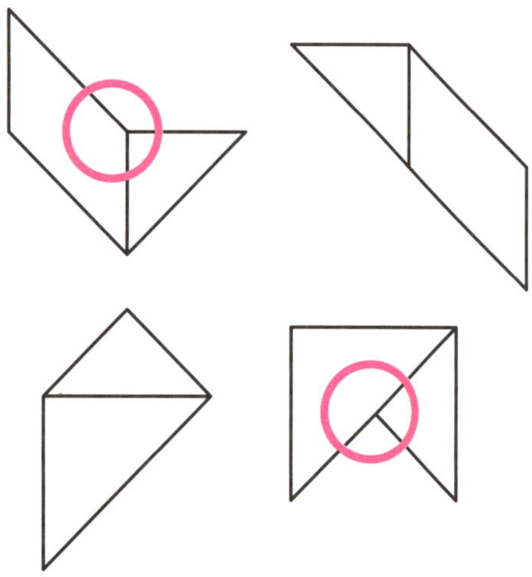

24 CHALLENGE STEP 2

p.25

오목다각형

다음 모양을 만들고 오목다각형을 찾아 ○하세요.

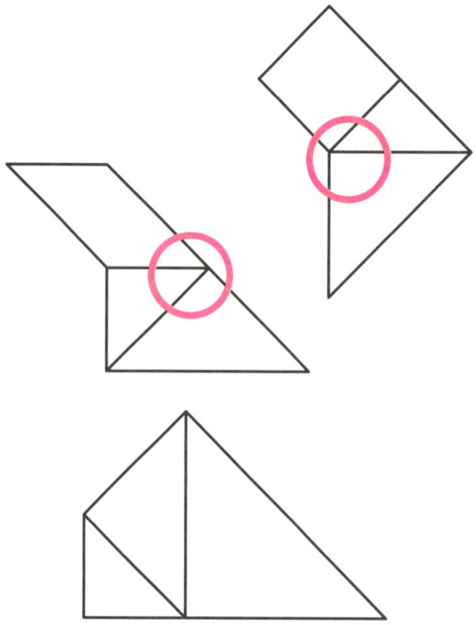

입체칠교 25

제시된 방법 외에 다양한 답이 나올 수 있습니다.

p.26

11. 크기 비교하기 1

측정

작은 삼각형의 크기를 1이라고 할 때, 가 와 나 중에서 어느 것이 더 큰지 예상해 보고 크기를 구하여 확인해 보세요.

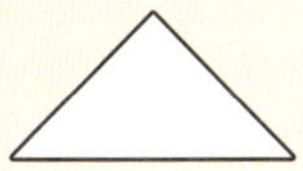
= 1

가

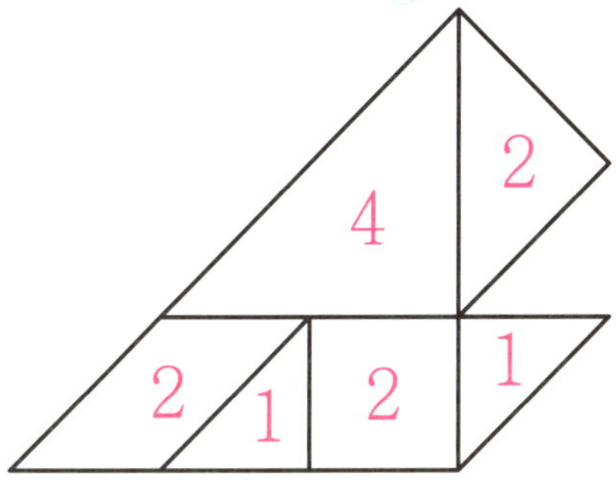

크기 12

p.27

크기 비교

나

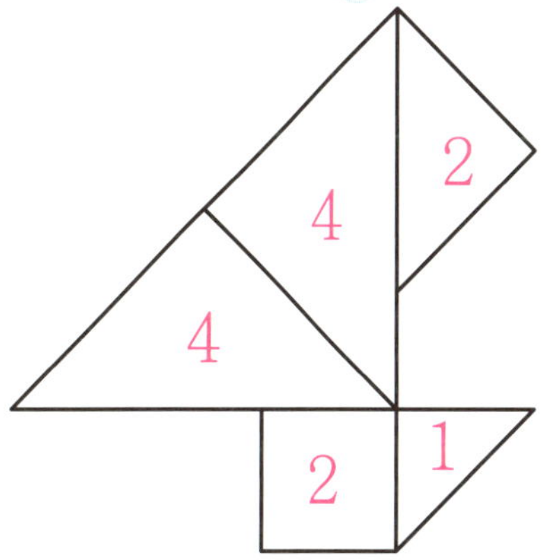

크기 13

예상	확인
	나

p.28

12. 크기 비교하기 2

측정

작은 삼각형의 크기를 1이라고 할 때, 가 와 나 중에서 어느 것이 더 큰지 예상해 보고 크기를 구하여 확인해 보세요.

가

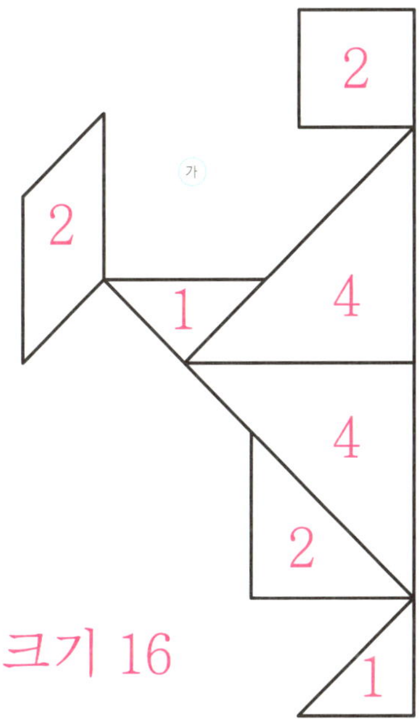

크기 16

p.29

크기 비교

나

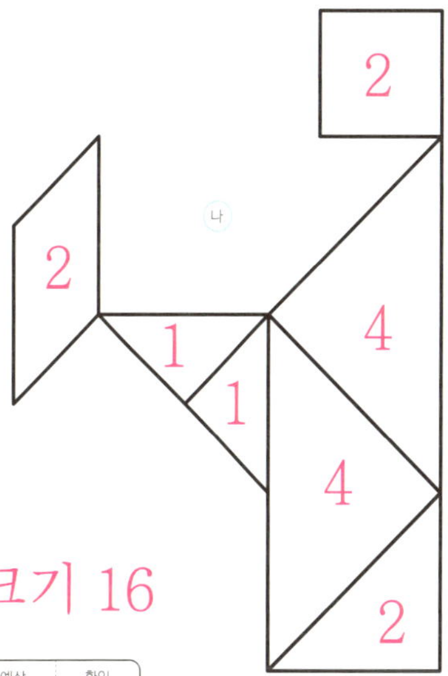

크기 16

예상	확인
	같다

정답 제시된 방법 외에 다양한 답이 나올 수 있습니다.

p.30

13. 입체 칠교 옆면 익히기

도형

그림과 같이 칠교 조각을 놓고, 옆면에만 스티커를 붙여보세요.

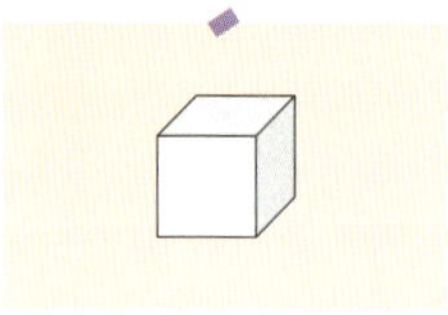

4 개

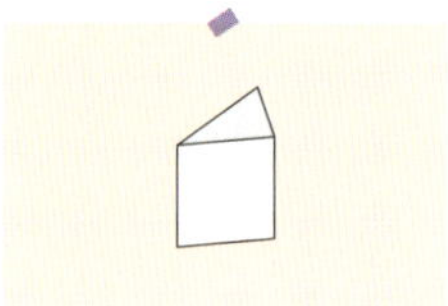

2 개 1 개

2 개 2 개

p.31

교구탐색

그림과 같이 칠교 조각을 놓고, 옆면에만 스티커를 붙여보세요.

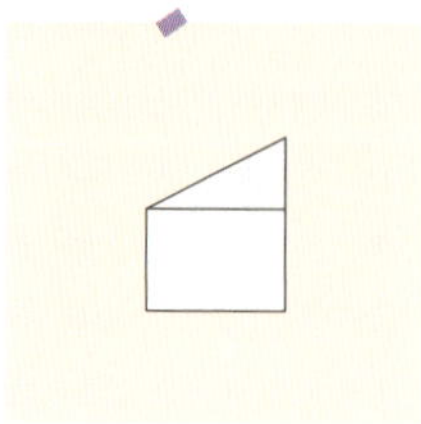

2 개

1 개

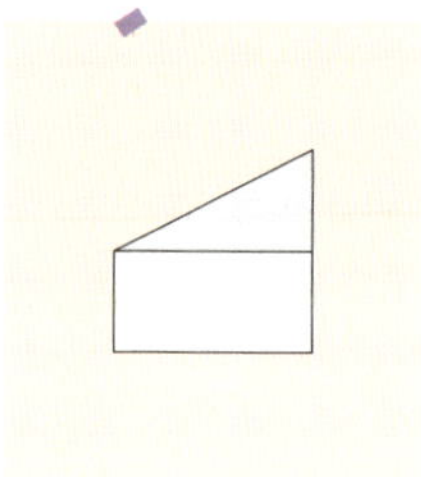

2 개

1 개

p.32

14. 위, 앞, 옆에서 본 모양 1

도형

다음 모양을 제시된 조각으로 만들고, 위, 앞, 옆에서 본 모양을 찾아 번호를 써보세요.

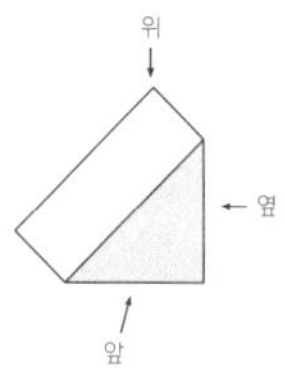

중간 삼각형

위에서 본 모양	앞에서 본 모양	옆에서 본 모양
③	①	⑤

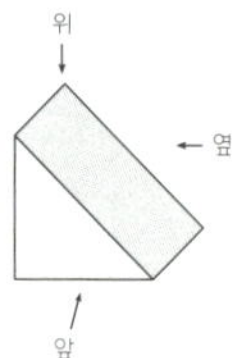

중간 삼각형

위에서 본 모양	앞에서 본 모양	옆에서 본 모양
③	⑥	⑤

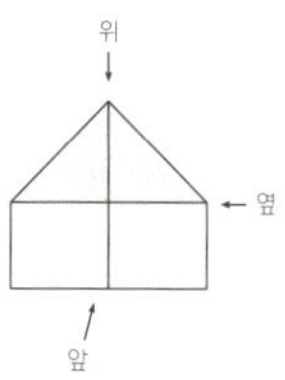

작은 삼각형 2개

위에서 본 모양	앞에서 본 모양	옆에서 본 모양
⑦	⑧	②

p.33

문제해결

①
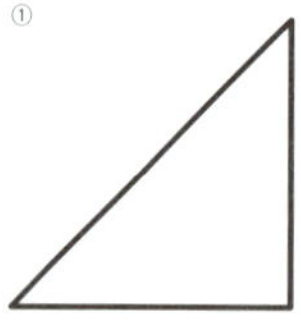
②

③

④
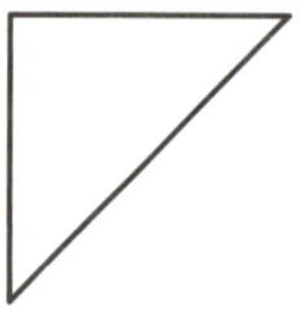
⑤

⑥
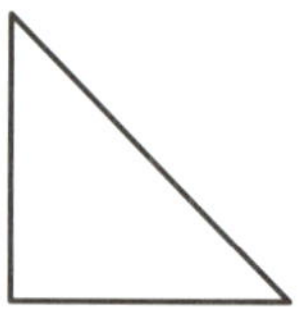
⑦
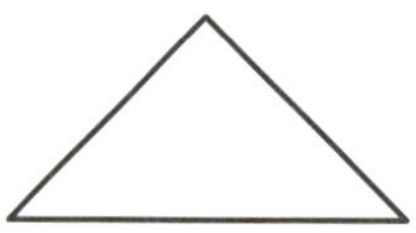
⑧

제시된 방법 외에 다양한 답이 나올 수 있습니다.

p.34

15. 위, 앞, 옆에서 본 모양 2

도형

다음 모양을 제시된 조각으로 만들고, 위, 앞, 옆에서 본 모양을 찾아 번호를 써보세요.

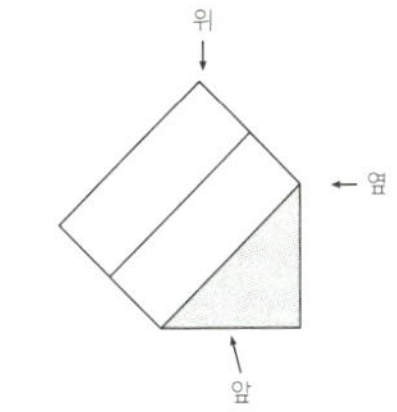

작은 삼각형 2개

위에서 본 모양	앞에서 본 모양	옆에서 본 모양
⑤	③	④

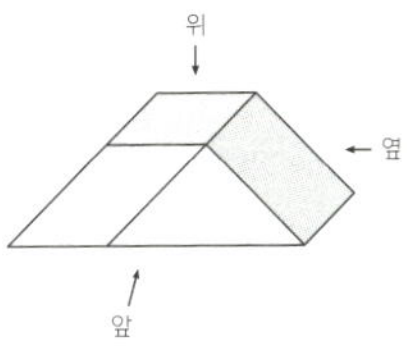

중간 삼각형, 평행사변형

위에서 본 모양	앞에서 본 모양	옆에서 본 모양
①	⑧	②

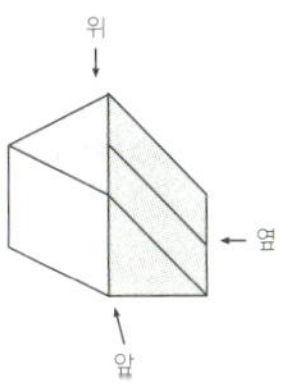

작은 삼각형 2개, 중간 삼각형

위에서 본 모양	앞에서 본 모양	옆에서 본 모양
⑥	⑦	④

p.35

문제해결

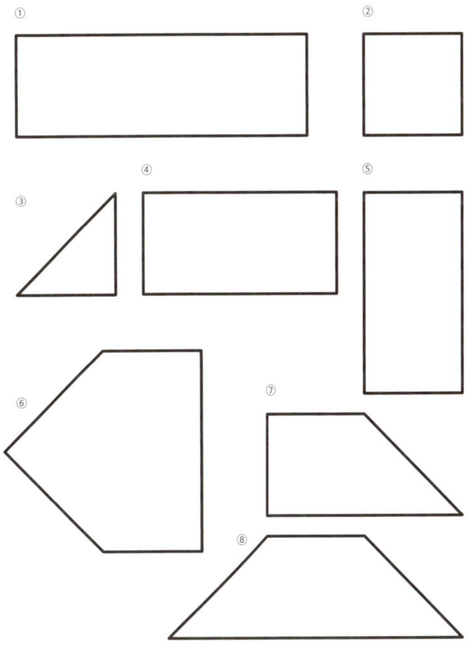

p.36

16. 입체 모양 만들기 1

도형

다음은 앞에서 본 모양입니다. 평면 모양을 맞추고, 이를 세워서 입체 모양으로 만들어 보세요.

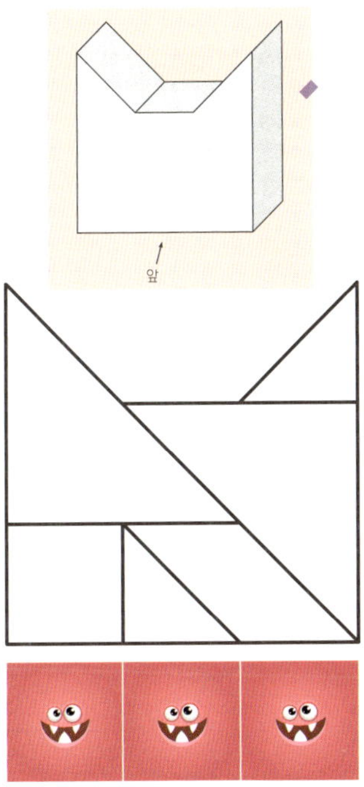

p.37

입체 모양 만들기

다음은 앞에서 본 모양입니다. 평면 모양을 맞추고, 이를 세워서 입체 모양으로 만들어 보세요.

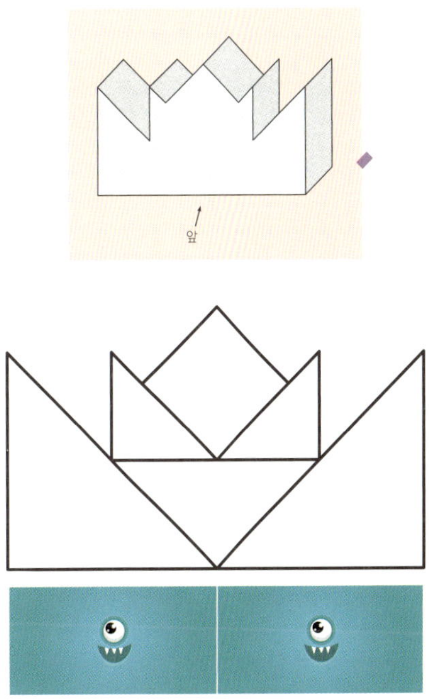

정답 제시된 방법 외에 다양한 답이 나올 수 있습니다.

p.38

17. 입체 모양 만들기 2

도형

다음은 앞에서 본 모양입니다. 평면 모양을 맞추고, 이를 세워서 입체 모양으로 만들어 보세요.

교재를 옆으로 돌려서 만들어 보세요.

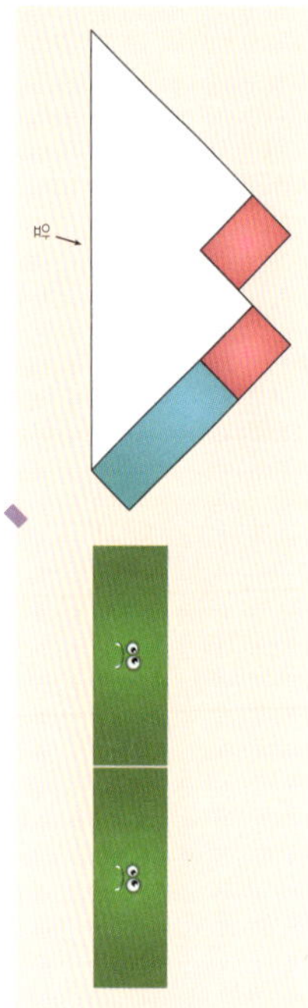

p.39

입체 모양 만들기

다음은 앞에서 본 모양입니다. 평면 모양을 맞추고, 이를 세워서 입체 모양으로 만들어 보세요.

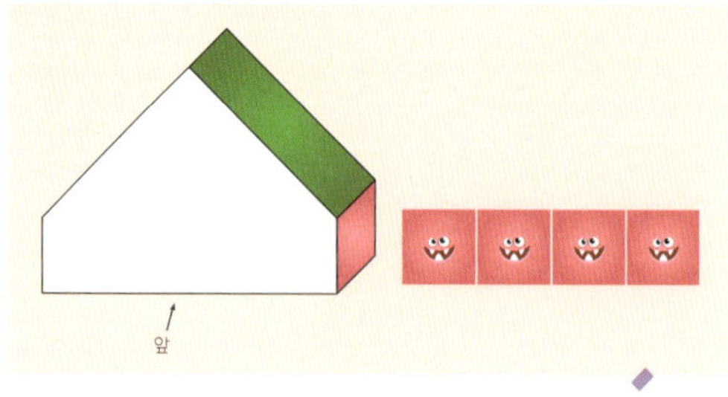

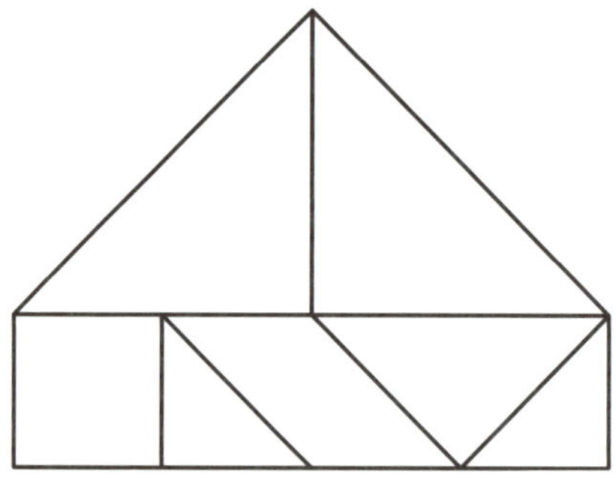

p.40

18. 입체 모양 만들기 3

도형

다음은 앞에서 본 모양입니다. 평면 모양을 맞추고, 이를 세워서 입체 모양으로 만들어 보세요.

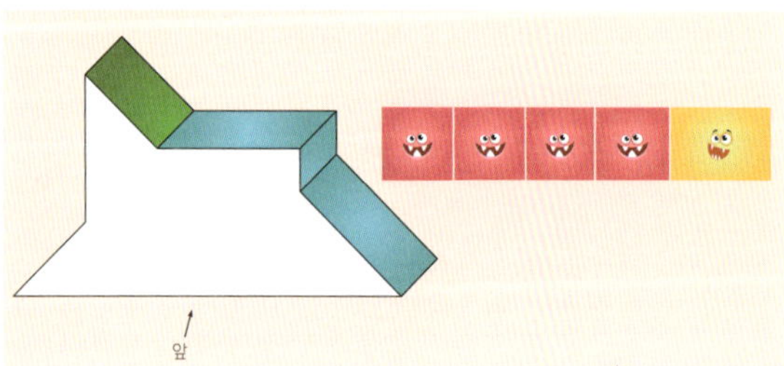

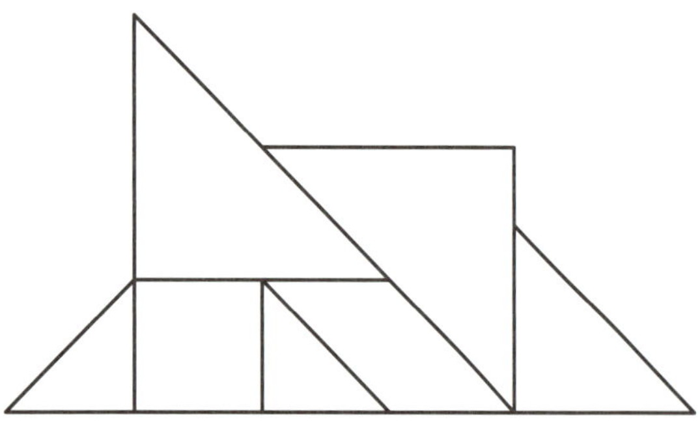

p.41

입체 모양 만들기

다음은 앞에서 본 모양입니다. 평면 모양을 맞추고, 이를 세워서 입체 모양으로 만들어 보세요.

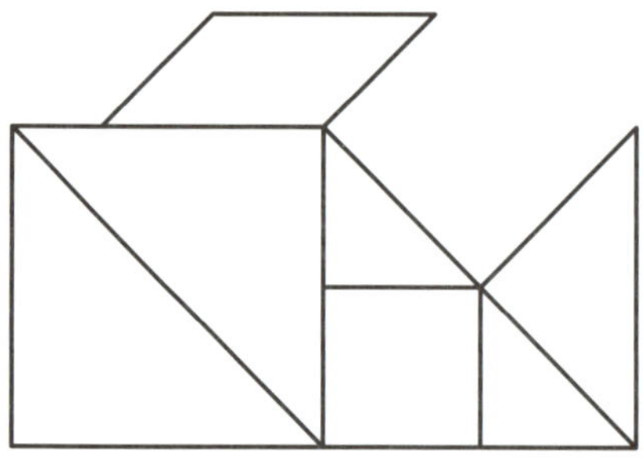

제시된 방법 외에 다양한 답이 나올 수 있습니다.

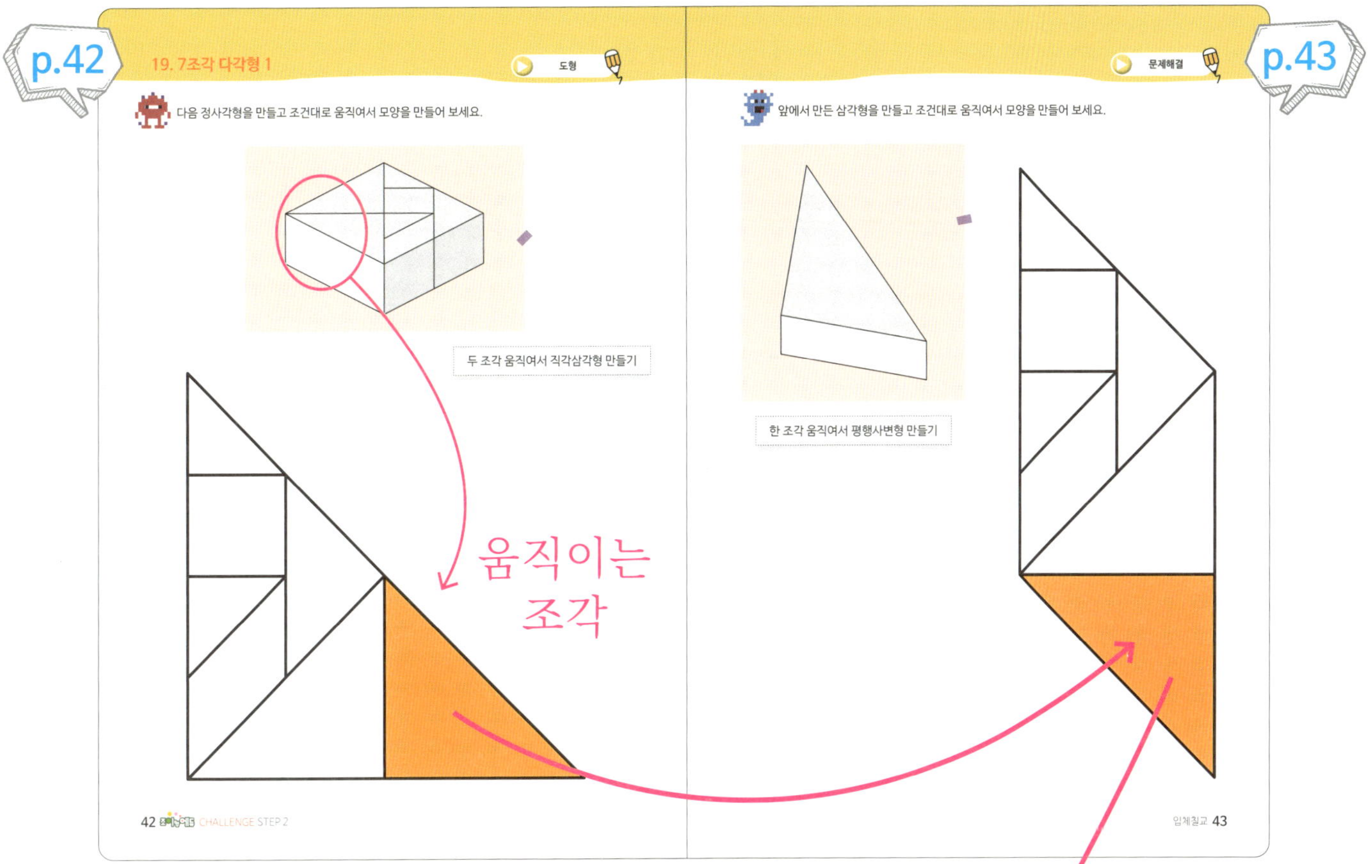

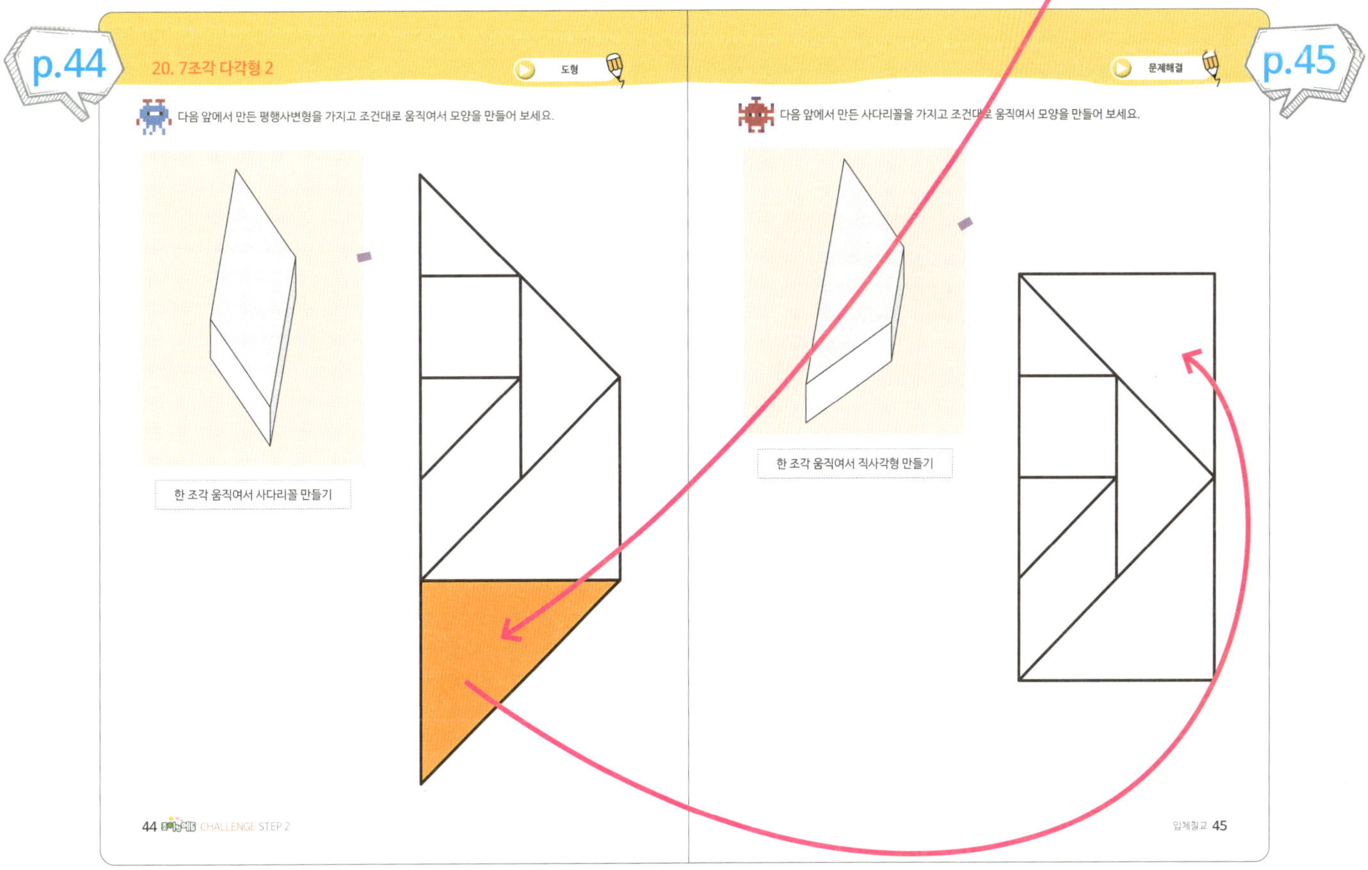

MEMO

이름 스티커

작은 삼각형	작은 삼각형	작은 삼각형	작은 삼각형
중간 삼각형		중간 삼각형	
큰 삼각형	큰 삼각형	큰 삼각형	큰 삼각형
정사각형		정사각형	
평행사변형		평행사변형	

입체 칠교 옆면 스티커

몬스터 매스